U0057910

學習的績效

＊＊＊＊＊＊＊＊＊

老師與學校的領導者可以掌控的績效

陳佩正◆譯

Accountability FOR LEARNING

How Teachers and School Leaders Can Take Charge

Douglas B. Reeves

Copyright © 2004 by Douglas B.Reeves. All rights reserved. No part of this publication may be reproduced or transmitted in any form or by any means, electronic or mechanical, including photocopy, recording, or any information storage and retrieval system, without permission from ASCD. Readers who wish to duplicate material copyrighted by ASCD may do so for a small fee by contacting the Copyright Clearance Center (CCC), 222 Rosewood Dr., Danvers, MA 01923, USA (telephone: 978-750-8400; fax: 978-750-4470; Web: http://www.copyright.com). ASCD has authorized the CCC to collect such fees on its behalf. Requests to reprint rather than photocopy should be directed to ASCD's permissions office at 703-578-9600. Cover art copyright © 2004 by ASCD.

作者簡介

道格拉斯·里福（Douglas B. Reeves）擔任實作評量中心（Center for Performance Assessment）的主任。這個中心是一個全球著名的組織，主要的目的是要改善學生的學習成就與教育均等機會。透過它長期與學校體制的合作關係，這個中心協助全國各地的老師和學校領導者發展務實與具有建設性的方法來改善標準、評量與績效制度。

里福博士在美國境內與全球各地的教育、政府、與企業的各項活動當中經常擔任主講的演說者（Keynote Speaker），他也是哈佛大學教育學院底下的領導研究團隊的一員，他的著作有十七本書，包含相當著名的 *Making Standards Work*，這本書暢銷的程度已經到了第三版的銷售量。其他相關的作品包含 *The Daily Disciplines of Leadership: How to Improve Student Achievement, Staff Motivation, and Personal Organization*（Jossey-Bass, 2002）, *The Leader's Guide to Standards: A Blueprint for Educational Equity and Excellence*（Jossey-Bass, 2002）與 *Reason to Write: Help Your Child Succeed in School and in Life Through Better Reasoning and Clear Communication*（Kaplan, 2002）。他的著作曾經兩次被哈佛大學挑選為傑出作者系列的作品，而且他為家長和孩童的寫作也為他贏得 2002 年的 Parents' Choice Award。

除了在大規模評量與研究方面的工作以外，里福博士投入多年在教室現場的教學工作，合作的對象包含那些來自於國小年齡層到博士班的候選人。他的家庭有四個孩童，這些小孩的年齡從小學階段到大專院校都有，這些小孩也都是參與美國境內的公立學校教育成長的。他的太太，雪莉・莎克特（Shelley Sackett），則是一位律師、協調者、也兼任學區教育委員會的委員資格。他住在靠近波斯頓，如果讀者想要向他請教問題，可以透過電子郵件 dreeves@MakingStandardsWork.com，或者請透過底下的方式聯絡：

Center for Performance Assessment

麻州：781-477-1880　或是傳真：781-477-0231

科羅拉多州：800-844-6599 或 303-504-9312

傳真：303-504-9417

也可以透過網站：

http://www.MakingStandardsWork.com

譯者簡介

陳佩正

學歷

◎美國麻州大學環境教育博士

◎美國麻州大學食品工程碩士

經歷

◎國立台北師範學院環境教育中心主任

現任

◎國立台北教育大學自然科學教育學系副教授

致謝辭

首先我得感謝成千上萬的老師、領導者、教育委員會的委員、作者、教育政策制訂者、以及一些同事樂意讓我參與教育績效的議題。由於他們花費時間與精力來挑戰我的能力，看看我是否能夠針對他們所提出來的獨特洞見，提供解決實務工作的策略，所以我不得不逼迫我自己，重新檢視我原先所堅持的假設，並且進一步走入不同的教育現場，進行實質上的觀察，因而讓我瞭解和承認原先所犯的錯誤，從這裡我學到了怎樣的態度才叫做謙虛。是他們這群人讓我走出象牙塔的範疇，挑戰我必須在每一天的工作當中去認真思考教育界所真實面對的各種困境，包含財政困境的現場，老師們在教導一段時間之後失去原先所擁有的熱忱，對於學習沒有任何學習動機的學生、家長、甚至包含一些教育伙伴在內呢！在這些令人不愉快的現場，他們也在一片不怎麼看好的情況下，展現了亮麗且成功經營的學校績效，紛紛展現亮麗的成功個案。他們的坦率、真實挑戰了我的能力，不過也是因為他們成功的故事讓我還保有力氣、希望與熱忱。

這本書是我和 ASCD 合作的第一本書，這個機構在過去好幾十年當中給全世界各地的教育伙伴提供了許多重要的書籍。我非常感到驕傲能夠成為這個機構裡面的一份子。我要感謝 Esmond Harmsworth，是他在審定這本書的每一個細節時投入非常令人驚訝的努力，仔細的審查，才能夠讓這本書問世。

註解和參考文獻的條列方式，絕對無法將我對於這個關鍵性領域那些領導的思想家所貢獻的偉大思想表達出來，這一點真的非常抱歉。我在這裡要特別感謝底下這些學者對我這本書的影響，這些人當中有些已經呈現在註解或參考文獻裡面，不過還是有些人隱形在看不見的地方，卻深遠的影響我的整體寫作，是註解和參考文獻無法表達的：Anne Bryant, Lucy McCormick Calkins, Linda Darling-Hammond, Daniel Goleman, Audrey Kleinsasser, Robert Marzano, Alan Moore, Mike Schmoker, and Grant Wiggins.

那些在實作評量中心（Center for Performance Assessment）服務的同仁讓我在每一個研究計畫的深度有實質上的貢獻，也是我在這裡要一併感謝的對象之一。針對這一本書，我要特別感謝Cathy Shulkin，她為我這本書的附錄和參考文獻所貢獻的力量，讓這本書能夠即時的完成、付印，功勞相當大。她如何在我個人的專業生涯上所累積成千上萬的資料當中找尋合適的資料，真的只能夠用「神奇」兩個字來形容她的能力，不過我懷疑這應該是因為她具有高度的智慧、熱忱、以及非常卓越的工作倫理才有這樣的亮麗表現吧！我也要感謝我那些在實作評量中心的伙伴，包含Larry Ainsworth, Eileen Allison, Arlana Bedard, Jan Christinson, Donna Davis, Cheryl Dunkle, Tony Flach, Michele LePatner, Dave Nagel, Elaine Robbins-Harris, Stacy Scott, Earl Shore, Jill Unziker-Lewis, Mike White, Steve White, Nan Woodson，由於他們的貢獻，讓我提升個人對於績效制度的思考，更讓我每一天的腦力激盪沒有停下來的機會。中心的執行主任 Anne Fenske，以及我們的同仁在每一年都為成千上萬的教育伙伴與學校的領導者舉辦超過一千場的專業發展活動。我真心誠意的感謝也要對 Sarah Abrahamson, Greg Atkins, Ken Bingenheimer, Melissa Blunden, Nan Caldwell, Laura Davis, Angie Hodapp, Matt Minney 與 Dee Ruger 等人說一聲：「感謝你們的真心付出與協助」。

我的家人熱愛我，也支持我的工作，讓我在工作上沒有後顧之憂。James, Julia, Brooks 以及 Shelley 都能夠諒解我在工作上的熱誠，讓我在小孩成長的過程當中，幾乎就像是隱形人一樣。我要將這本書獻給正在過十六歲生日的 Alex，這也正好是我所寫的第十六本書。他會彈奏吉他，讓他在麻州的生活顯得更加活潑。當我還是那個年齡的青少年時，我所擁有的是一個會漏水的袖珍的工具，還有一副黑色的墨鏡，不過當我們當年提到「酷」的時候，只有提到天氣的寒冷才會用到這個字眼。他非常的慷慨，也是一位令人尊敬的年輕人，也是一位好哥哥，更是他的家人認為最棒的一份子。

Douglas B. Reeves

Swampscott,. Massachusetts

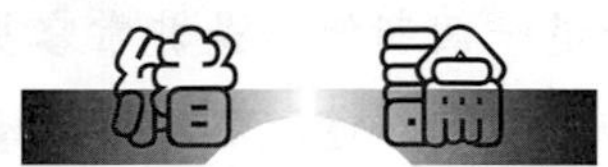

緒論

老師和各階層教育的主管都是一群非常忙碌，隨時都需要面對排山倒海的工作需求和指示，目的就是希望能夠獲得比較好的教育結果。不過這些教育伙伴幾乎都是在沒有任何外在資源可以運用，更沒有時間可以處理的狀況下，處理每一天和學生學習有關連的各項問題。在接下來的幾段文字當中，你將會決定這本書是否值得你投入時間來閱讀。讓我直接了當的說吧！針對學習負責的績效制度（Accountability for Learning）可以讓老師和各級教育的主管擁有權力可以轉換目前那種教育績效的政策，將他們從一個具有毀滅性、更令人洩氣的績效練習，轉化為具有意義、且具有建設性的決策，可以進一步影響每一間教室、學校、以及學區的整體運作。您不必等待聯邦政府、或州階層的立法機構制訂新的變革時才開始推動這項理念。這本書就是寫一些關於您目前馬上可以進行的工作來改善學生的學習、您的教學、與學校領導者領導風格的文章。雖然我非常尊重資深教育主管、教育委員會成員、以及政策制訂者在教育界所扮演的角色（請參考第六章），不過我們卻明白學習的績效真正發生的地點是在每一間教室裡面。

傳統的教育績效考核制度之所以會失敗，主要並不在於他們欠缺相關知識或意願。我們雖知道應該如何推動教育績效的考核，然而不幸的是，幾十年下來的研究和改革都無法將領導階層的意圖連結到教室裡面真實發生的學習。

這種存在於知道與行動之間的鴻溝（譯註：這裡指的就是教育界熟悉的觀點，知道一個新概念是非常容易的事情，但是要眞實的推動，就顯得非常困難。這觀點與國內讀者長久以來熟悉國父所提倡的「知難行易」正好顛倒過來。或許這是自然科學與社會科學所存在的鴻溝吧！）（Pfeffer & Sutton, 2000），絕對不是教育界所獨享的特權，企業界、非營利組織、健保事業、以及許多的宗教機構都遭遇過這種存在於目的與真實之間的鴻溝。我們發現各個團體會有這種鴻溝的原因既不是因為他們都漠不關心，也不是因為他們偷懶、墮落，然而許多創新的構想都以這類型的假設出發。他們通常認為只要他們遊說的理由十分充足，或是他們提供非常優渥的回饋條件，或是實施強硬的懲罰制度，那麼教育界裡面的教職員工就會看到他們所倡導的曙光。想當然爾，這些第一線的老師和行政人員至少就會遵從主導者的意願去推動教育改革了。不過如果具備真誠的教育改革目的，就足以保證我們能夠成功的推動新倡導的教育改革，那麼教育改革的範疇當中就不會到處看到受挫折的領導者和政策制訂者，他們通常在頒布了一個看起來非常重大的決策之後，發現每一間教室裡幾乎沒有任何改變發生過。教育主管單位採用學科標準，並且莊重的宣示要讓每一位學童都達到學科標準的企圖心；可是教室裡面的每一項學習仍然不動如山。學區的教育局長（譯註：Superintendent，有些人將它翻譯爲學區的督察員；不過這個位置的主管所擁有的權利與義務和教育局長相平行，只是將教育局劃分爲許多學區的小教育局長）宣布一個全新的願景和企圖心，以及配套的核心價值與整個學區教育局的任務説明，這樣的決心也獲得整個學區教育局的工作伙伴熱誠的讚賞，可是教室裡面的每一項學習仍然堅若磐石、穩如泰山的一點變革也沒有。我們也曾經花費成千上萬的經費補助最新的科技（譯註：例如國內某些縣市的資訊重點學校，動則耗費幾千萬的設備費用，採購最新的數位科技，將每一間教室的設備完全資訊化。但是在少數老師眞的動起來運用這些科技設備在教學活動之前，這些資訊科技設備已經老舊得無法動彈），但是教室裡面的學習仍然不動如山。我們甚至採用最棒的教師成長機制，以便讓每一位老師像馬戲團裡的動物一樣，都需要接受一套標準的訓練，希望每一位老師都能夠發揮最新的教學技巧。即使在無數的訓練課程當中，我們提供最舒適、溫暖的學習環境，不過我們仍然發現教室裡面的學習情況還是欲振乏力。經過無數次這類型的組織挫敗之後，政策的決策者最後終於鐵石心腸的決定，學校績效就是他們找尋良久的標準答案了。就是這樣的觀點，讓教育主管單位決定要將各個學校系統，各個學校內的每一個教學單位進行分等級、給予評價、分類的評比工作，並且對於一些表現不良的單位給予羞辱、懲罰的手段，包含某些人可能喪失他們的工作權力、或是針對校園內的工作進行重新分配的工程；以及獎賞制度，包含額外的獎金，都是這種績效制度所衍生出來的嶄新替代模式，以取代原先的獎懲制度所使用的紅蘿蔔和鞭子。當然，這樣的制度也讓績效政策簡化為天真浪漫，讓主管機構可以揮舞的獎懲工具，不過每一次的獎懲都來得太慢了，緩不濟急。即使我們在教育界軟硬兼施的使用了這麼多的手段，教室裡面的教學仍然紋風不動。

這本書並非教導大家如何結合威脅的手段、與各種奸詐的策略，來達成教育改革的目的。相對的，這本書是先以一個基本的前題開始，那就是我們認為每位教師和學校的領導者都想要獲得成功的經驗。另外，當我們要求這些教育的專業伙伴推動一項教育改革，已相當不易；更何況當他們知道這個新的教育改革計畫，是要在一個推動已經有一段時間，而且有相當成效的另一個教育改革計畫上，再增添一項額外的改革措施時，我們就更需要為這些改革措施感到憂心忡忡。我們可以這麼說，這本書並非要提供一個從外界觀看教育界的某些伙伴是如何成功的範例，而是希望提供一套依據您自己的資料與個人觀察結果，以及您所記載的資料當中告訴您最有效率的實務措施有哪些，再從這些資料當中創造一個專屬於您的方式。奥斯卡・威爾德（Oscar Wilde）在提倡他所強調的觀點時，只是稍微誇大其詞的提到「教育是一個令人讚賞的事情；不過我們必須記得一件事情，那就是沒有任何一件值得人們深入理解的事情，可以透過教育的過程灌輸給別人。」（譯註：原文爲 Education is an admirable thing, but it is well to remember from time to time that nothing that is worth knowing can be taught.）我在這裡提到奥斯卡的觀點，並不代表說我反對外界的研究和正規方式的調查結果。相反的，我相當依賴一些學有專長的學者的基礎研究結果，例如羅伯特・瑪桑納（Robert Marzano, 2003）他整理過去三十五年研究人員在教育領域方面的研究成果所得到的開創性分析資料。我和我那些在「實作評量中心」（Center for Performance Assessment）的同事曾經嘗試在學校經營效率方面的研究提供少許微小的小鵝卵石。不過只要這些研究發現沒有真實運用在教室裡面，我們的努力就白白浪費了。

要將研究成果有效率的運用到教室，有兩條路徑可以遵循。第一條途徑，就是逐條逐項的說明研究者精心規劃的構想在傳遞的歷程中可能產生哪些突變現象；在整個演繹過程當中，如果沒有其他人的參與，就比較可能成功。第二種模式就是一個探究、發現與個人運用的歷程。在第一個模式歷程當中，老師通常都會相當憤怒的說：「你們只要告訴我們哪些事情是必須推動的就好了！」至於在第二種歷程模式中，老師通常會指出：「讓我們來試試看吧！我們需要試試看這樣的改革觀點：一邊進行，一邊反省，自我檢討，然後再修飾它的可行性。我們需要將這樣的模式加以修正來搭配學生的需求，我們必須瞭解這是一所學校，不是一間專事生產的工廠。」所以，我們在這本書所介紹的就是以「學生為中心的績效考核模式」來當作一個建設性的替代方案，讓每一所學校在收集與報告績效的資料時，不必再浪費時間，絞盡腦汁做一些官樣文章（譯註：原文爲 masquerade as educational accountability，它指出目前許多評鑑學校辦學績效的模式，讓每一所學校都要裝模作樣的弄出一些幾乎不存在的書面資料來應付官方的評鑑人員）。

我們發現有一個必須真誠以對的問題，就是為何我們要將老師納入績效評量的考量當中。畢竟，我們目前所看得到的教育績效評量，傳統上都是一些「加諸在老師身上」的作為，不是嗎？如果以傳統的模式來分析，這些老師的角色就是去執行教育主管單位所頒布的命令，不是嗎？這裡就有一個非常諷刺的觀點：真實的績效通常就是老師主動發展那些績效考核報告、修飾和提出報告時所發生的事情。我們通常稱這種現象為法規上的矛盾現象。

教育領導者奉行相關的法規，主要是因為他們相信法規將創造出更好的績效制度，也能夠激發相關機構發展出更好的績效。實際上，法規越嚴格，我們就會發現越來越不真實的績效體制會接踵而來。「當然，我們會遵照長官的指示和命令來執行。」老師通常這樣回應著上面的要求。不過當他們執行上層長官所交代的相關法規時，既沒有熱誠的表現，也沒有給予實際的承諾。他們的學生只需要花費十億分之一秒的時間就會注意到他們最信任的那些成年人，也就是他們的老師，臉上浮現著不確定與嘲諷的感受。當然我們也可以理解，如果法規沒有清楚條列老師應該執行的工作項目，將會是相當冒險的行為。如果沒有清楚的命令和指示，各種應變措施就會發生，更可能會出現前後矛盾的現象，以及許多老師對於法規命令的指責。不過從另一方面來分析，當我們沒有清晰的命令和法規要求，經常就會讓一些老師有機會創造出優良的教學策略，他們也會展現他們的熱誠和投入的程度，更願意分享他們成功的案例，還有更多無怨無悔的堅持，即使他們必須面對極為艱難的挑戰也在所不惜。所以在法規命令清晰的另外一邊，就是不要提供清楚的法規和命令，我們通常在那種情況下會發現名符其實的績效表現。在那樣的情況下，我們將會看到「針對學習所設計的績效」了（譯註：accountability for learning，也可以翻譯爲「爲學習扛起責任的績效制度」）。

林序

績效責任（accountability）這個概念正式進入教育領域，應該是在一九七〇年代，美國歷經了一九六〇年代的結構主義教育改革的風潮之後，進入了以人文主義（結合人本心理學的發展）為主要的開放教育改革，開放教育改革的結果，家長發現孩子的學習連基本的讀、寫、算的能力都有問題。所以一九七〇年代就有所謂回歸基本能力的呼籲，希望教育能夠回到讀、寫、算等基本能力的熟練。

回歸基本能力運動顯然沒有成功，因為一九七〇年代美國的教育仍然在危機之中。取而代之的是各項追求卓越的教育改革，希望美國學生的學習表現，能夠超越世界其他先進國家。這種改革風潮到了一九九四年柯林頓政府將之成為正式「目標二千年」美國教育法案，同年柯林頓總統召集四十一州的州長，希望提出一套全國適用的課程標準，作為學習成就的依歸。美國教育到了廿世紀末，在亞洲新興經濟體系的壓力之下，已經從「人性」的追求，慢慢轉向「能力」的追求。

當然「人性」與「能力」的追求，不是在光譜的兩個極端，而是相互支持，這本書的作者 Douglas Reeves 提出了「以學生為中心的績效責任」及「完整績效制度」的內涵。所謂以學生為中心的績效責任，所指涉的意義是，除了發現學生的測驗成績之外，還要描述學生成功或挫折的故事；完整的績效制度包括教學、領導統御、課程、以及家長和社區的參與投入等四個層面。綜合這兩個面向，作者其實在陳述一個重點，就是影響學習成效的因素是多重面向，必須要將這些面向的因素共同考慮進來，績效的概念才有積極正向的意義。

這本書的內容，對於台灣目前的課程改革有許多的參考價值。

一、什麼是教學績效？

什麼是績效？從校務評鑑，教師教學評鑑到學生的學習成就評鑑，都涉及到辦學績效。「學生喜歡上學」能不能算是辦學的績效？「學生的升學率」能不能算辦學的績效？「學生擁有良好的品德」算不算重要的績效？績效本身是涉及高度的價值判斷與價值融合。作者在第四章提出了兩個神話「好的測驗成績等於優質學校」、「劣質的教學可以產出優秀的測驗成績」，這兩個神話點出我們對於「績效」概念的迷失。有一年我去訪視國中教師的教學，他們最強調的方法就是多背、多記、多練習的「三多教學法」，而且幾乎全部的老師都迷信這樣的方法最有效。因為我們經常以聯考所獲得的成績來定義教學績效，而不是以未來學生到了社會有沒有工作能力或生活能力來定義績效，在這個問題上，本書提供一個比較全方位的觀點。

二、如何評鑑績效

作者並不否定教師的教學行為與學生的學習成就之間的關係，不過作者不希望將教育當作一門科學，而是藝術。所以作者比較重視學生行為表現背後所發生的故事，這些故事比較有意義、有啓示、也比較有人情味。作者也重視教師同儕間的團隊合作，例如同儕視導以及異質學科教師之間的對話，都是對於教師專業成長非常有幫助的機制。許多實徵性的研究也發現，校內的同儕評鑑對於教師的專業成長協助最大。

三、如何應用績效

與其應用績效來判定辦學的成果，不如應用績效後面的故事，來改進教師教學領導的行為，以及家長協助孩子學習的方法。

如果只將績效作為考核的依據，其結果只會對於績效較差的學校造成傷害；如果將績效考核的結果，作為改善教學的方法，那麼每個學校終將受惠。

本書的譯者陳佩正博士，是多年的合作夥伴，他除了中英文的造詣功力深厚之外，對於新的或陌生的辭彙，都會以譯者加註的方式，幫助讀者理解內文的意思，這已經成為「陳氏」翻譯的獨特風格。今天很榮幸有這個機會為這本譯著寫序，推薦給大家。我相信，從這本書出版之後，我們對於績效責任的概念，必定有一翻新的體認與詮釋。

林 文 生

2004/11/26 於瑞柑國小

近一、二十年來，臺灣的教育進行一系列的改革，包括：九年一貫課程、教學創新、多元評量、學校組織再造、校務評鑑、入學制度、校長遴選、教師專業發展、家長參與等等，期能更加提升教育品質，追求卓越發展。然而，如果缺乏一套有效的教育績效責任制度（educational accountability system），則學生可能成為教育改革的犧牲者。

事實上，學生是教育的主體，任何一項改革工程都必須以關懷學生為主軸，才能產生有意義的行動，進而達到教育願景的美麗境界。但是，很遺憾的是，臺灣的教育改革，一直未能碰觸這個核心議題，截至目前為止，尚未建立教育績效責任制度，而相關的研究及論述也相當不足，以致未能激發政府及學校對此一議題的討論與重視。退一步來看，台灣的社會充滿著功利主義的色彩，過度偏重升學與智育掛帥，而以升學率作為學校辦學績效的單一衡量指標，欠缺對學生學習的整體關照。在這樣的情況下，不禁令人懷疑：「臺灣的教育到底是為誰而改革？」、「在教育改革中，學生的位置在那裡？」、「怎樣的教育改革，才是真正有助於學生的學習與發展呢？」

教育績效乃是美國當前教育改革的焦點，各州和各學區紛紛建構各具特色的評估機制，以瞭解學生、教師及學校的表現。教育績效責任制度的建立，雖然是一項極具艱鉅的工作，但卻有助於教育品質的溝通、監控及改進，一方面可作為政府教育施政的依據，另一方面亦可提供學校經營與管理的參考。Douglas B. Reeves 於 2004 年出版的 *Accountability For Learning: How Teachers and School Leaders Can Take Charge* 一書，強調教育績效責任制度必須以學生為中心，採取由下而上的模式，賦予學校領導者和教師更多的權力與責任，期能把每一位學生帶上來，以培養學生多元的潛能與智慧。與教育績效的其他相關著作相較，這本書至少具有四點特色：

第一、強調以促進學生學習為核心的績效責任制度，制度設計的焦點在於學習改進而非競爭評比，跨越了傳統的科層式績效責任制度之思維；

第二、建立完整的績效資訊，同時考量學生的學習成就、教育政策、課程實施、教學實務、教師專業發展、領導效能、家長參與、學習環境等因素，以對學生的學習提供深入且全面的理解；

第三、重視教師賦權增能及教師領導的理念，鼓勵教師以積極的態度來參與教育績效責任制度的推展，以落實學校本位管理的理念；

第四、主張教育績效必須由決策者、學校領導者、教師及家長等利害關係人共同負責，以結合多方的資源與力量，共同協助學生的學習。

此外，這本書的附錄所提供的資訊，亦有助於教育績效責任制度的設計與實施。當我們願意仔細閱讀這本書的每一個章節，並不斷思索臺灣當前的教育處境與改革趨勢，讓文本與實務進行溝通、對話，或許我們可以從中獲得一些有意義的啓發。

我個人對於教育績效、評鑑與發展的探究，一直保持濃厚的興趣與關注，特別是一種指向學校本位、賦權增能、學生主體、教師專業的趨勢議題，更能引起我的共鳴與反思。因此，本人欣見這本書的中譯本能夠順利出版，相信可帶給學術界及實務界不少助益。而對於尚未推動教育績效責任制度的臺灣而言，這本書也可作為決策者、學校領導者及教師的參考。

孫志麟

2004年12月於國立臺北師範學院

譯序

令人厭惡的傳統績效考核制度

會找一個早年我相當痛恨的主題來翻譯，還真的有點蹊蹺。早年我相當痛恨績效的制度，特別是當某些大學公布他們新生入學的主要高中時，我在想那些學生進入大專院校以後的適應是否良好，卻沒有哪個大學會繼續公佈這個相當重要的資訊（一直到最近才聽到教育部長提到「研究所大專化，大學高中化」，以及監察院提到「都是教育改革惹的禍」之類的批評，卻仍然看不到建設性的建議）。當然我們也經常看到媒體報導某個國中生在基本學力測驗獲得滿分的成績，瞬間影響許多家長也都強烈的希望將自己的子女擠進那間學校。似乎某個學校出現一個基本學力測驗滿分的學生，就是學校能力的代表。對於許多高中而言，他們給畢業生最好的祝福就是「金榜題名」，卻經常忽略了那樣的期望對於學生可能是強大的壓力，也忽略了學生進入大學以後的學習狀況。

不過在師院教書多年以來，我發現許多明星學校畢業的學生在進入大學之後，除非老師強烈要求，否則他們會儘可能找尋時間來玩「男女遊戲」。到底這可是他們到目前為止，第一次沒有父母親在身邊囉唆、監督的日子。所以我發現許多學生到課堂上來睡覺。對他們來說，來課堂上睡覺或小聲的聊天已經是給老師足夠的面子了，否則寢室裡面還有許多同學在蒙頭大睡呢！另外一些學生則公然在課堂上進行「第六感生死戀」，看得我真不知該如何引導他們的學習。

這讓我想到在國外求學期間，看到美國大學生的生活。當然他們有許多缺點值得我們批評，但是我花了八年的時間進行長期的觀察，發現多數美國大學生都有一個特色，就是在星期一到星期五上課時間，只要有空閒時間，就會躲到圖書館去唸書。等到星期五下午的 Happy hours 就將自己灌醉。但是星期六中午通常就會再看到這批大學生湧進圖書館看書。相對於美國大學生這方面的學習，我發現我們大學生每個學期大約只花了三個星期的時間來準備兩次考試所需要的「考前磨刀」，其他時間不是準備社團活動，就是玩大地遊戲之類的活動。這些都不是傳統績效制度可以看到各個高中辦學績效的程度所能夠展現出來的水準。

我還發現另一個讓我憂心的現象，那就是許多學生在大學仍然以高中方式求學。他們在考完試之後，幾乎是將整本課本完整的還給老師。如果採用這種模式可以當作大學求學的指標，那麼相信我們未來二十年在國際間的競爭力會大幅度的下降。在教導研究生課程時，更讓我意外的一件事情是，研究生蹺課率居然高居不下。經過我反覆的推敲，大約有兩個原因：在大學的求學階段，他們仍採用高中的方式繼續上課；上課對他們而言，是為了滿足父母親的期望。第二個原因應該是國內強調大專院校的教授要專注於研究，才有“credits”，所以多數教授將工作重點集中在研究項目上。至於上課呢？許多教科書書商都提供免費的光碟，乃至於網路的資料庫。所以教授只要將光碟的內容在課堂時播放給學生觀賞，並且在定期的期中考試和期末考試的兩個階段，從教科書書商提供的題庫中找尋方便批改的考題，就可以輕鬆應付教學的工作了。至少我們這個國家不認為大學應該將重點放在教學上的負面效應就是這樣的結果。當然很可能以後我們就會看到許多教授會認為「現在的研究生程度越來越糟糕」的言論了！誰該為這樣的惡性循環擔負起責任呢？最近更發現某些大專院校的教授，從南到北，每個星期在好幾個補習班兼課。為了避免讓教育主管單位找到證據，他們在補習班幾乎都使用英文名字直接溝通，學生好像到補習班看到同一個教授在補習班使用英文名字也比較厲害一樣。這種兼職的怪異現象如果沒有修正，未來的教育界會相當可怕。

修正傳統績效的完備績效制度

當我讀到這本書的時候，才得以將我原先許多錯誤的觀念加以改正。這本書讓我喜歡的地方，就是針對績效考核這項惹人厭的制度，它不僅看表象的測驗成績。除了贊同教育主管單位應該強化數字所代表的意義以外，這本書強調數字背後的意義。書中使用了許多醫學與運動教練等方面的類比和暗喻，説明數字背後意義的重要性。這是我最欣賞的一點，這也説明作者對於績效的瞭解已經深化到可以使用高層次思考的類比和暗喻來説明。

在此就讓我以目前師資培育機構每一年所必須面對的挑戰來說明，或許更為貼切一點。每一年的暑假是各個師資培育機構緊張面對的關鍵時刻。尤其每年到了七月底，更是判斷那個教學單位最有績效的關卡。幾家歡樂，幾家愁。學校行政主管也會在暑假之後的行政會議檢討每個教學單位考上正式老師的名額。考得好的教學單位的主管可以抬頭挺胸的發表意見；相對的，那些慘兮兮的教學單位，就只有等待校長的嚴厲指正了。這種現象不也代表了辦學績效嗎？但是這樣的績效可以反應目前的教學效果嗎？當那群考上的準老師是幾年前就已經畢業的學生，卻拿來做現在教學上改正措施的建議，真是非常緩不濟急。我常在想，如果某一年因為少數的考生給某些考官紅包，而因此將每一位考生當作賊一樣的對待，卻仍強調「沒有弊病的筆試，隨後再進行口試和教學演練，兼顧筆試能力與現場教學能力的公平、公正取材方式」就是正確的作為，那真的是太天真的想法了！要在幾千名考生當中，刷掉80%到90%（有時候更高）的考生，當然我們甄選老師的方式幾乎就是「進京考試」的翻版！因為這樣的考試制度只會讓一些擅長於背書的考生金榜題名。而且因為這些考生是透過考試制度才得以脫穎而出的，所以等到他們當了老師，才要他們展開多元評量，似乎是一種奢望。他們在求學期間應該也是熟悉背誦課程的學生，等到他們當老師的時候，應該也會強制學生儘量背書，而不去考慮有哪些有效率的教學策略可以帶領更多的學生進入真實學習的情境。既然目前教師甄試採用三階段的取材模式，那麼似乎可以將教師甄試的初步工作轉給考試院去執行，而不是讓各縣市去推動。有學生告訴我，考題真的離譜到極點。當然這是可以理解的，各縣市哪來足夠的能力可以舉辦教師甄試所強調的公平、公正、有鑑別度的考試呢？目前考試的科目是否偏向某些科系的專業也值得教育專業伙伴去探究。

轉回來討論師資培育的績效吧！畢業一年以上的學生，他們怎麼考上正式老師的呢？到底師院四年的訓練，以及畢業之後的實習，或補習班的練習對他們考上正式老師，何種最有效果呢？考不上正式老師的那些準老師，在同樣的訓練背景下，有哪些因素是妨礙他們成為正式老師的項目呢？如果我們不能夠針對這樣的現象，找尋出關鍵要素，那麼所有的訓練都會讓「外界那隻看不到蹤影的手」所支配著。我們在師資培育機構也找不到最恰當的管道來培育我們的準老師。一些師資培育機構考慮到正式老師的低錄取率之後，考慮在學校裡面提供不同的學程給不同的學生。這種作法更是將焦點模糊了。原本集中火力的策略都還不見得能夠協助學生考上正式老師，更何況當我們將培訓學生的管道區分為好幾個選項時，將來學生考上正式老師的名額比例只會更行降低吧！在這裡討論師資培育的績效概念，主要是因為沒有優秀的老師從各師資培育機構陸續走入教育場合，未來要修正就會顯得事倍功半了。這本書也提到，老師的品質絕對和學生的學習有關連，但絕對不是單純考慮老師比較會考試就可以擔任老師這項重責大任。

當然，如果我們更正式的面對這些挑戰，或許我們也應該去追蹤那些畢業多年的學生，在進入教育現場之後，是如何執行他們每一天的工作。他們是度日如年的得過且過，或者是每一天接受學生和學校的雙重挑戰呢？我們是否可以假設早年都是公費生，每個公費生都是優秀的呢？在二〇〇四年看到某所師院的公費生考試成績高過自費生兩百分，但是醫學系的公費生成績卻遠低於他們的自費生。這樣反常的現象到底該值得我們慶賀，還是擔憂呢？所以這本書強調的績效也是在討論這種成績背後的故事。作者更使用許多類比和暗喻的方式，讓我們瞭解到若單純只以測驗成績當作績效的唯一因素，那麼很可能將錯誤的教學當作教學的楷模來珍惜呢！

章節特色

這本書還提供一些策略讓學校在沒有外援的情況下，進行績效制度的改變。在本書的第三章提供許多「假想學校」的個案，但是這些個案卻又是那麼的栩栩如生。有意願的學校想要推動這種策略時，必要的措施之一，就是提供老師和行政人員一個完全可以放心大膽表白的安全場所，讓老師和行政人員可以透過彼此的專業獲得專業成長的機會。信賴是這個措施的遊戲規則。對同儕沒有足夠的信賴感，相信接下來可以推動的每一個細節就會呈現「上有政策，下有對策」的情況。至少我們顯少聽到老師認為自己的教學有問題。對於自己的教學感覺有問題的老師通常會對自己比較沒有信心，也不太敢面對同仁的眼光。其實想想四年的師資培育，或者是目前許多短期的一年師資培育，根本就不足以讓他們在畢業之後，面對學生的嚴格考驗。所以許多準老師畢業之後，採用了最嚴格的模式，教訓他們的學生，讓他們的班級看起來像是五〇年代的教室。如果這是唯一的方式，何必要進入師資培育單位呢？成功嶺的班長訓練班多的是這樣的人才。四年的訓練，就期望他們能夠面對「六個不同年級」的挑戰，顯然會是一個天方夜譚。當然更多學校採用兩年一輪的方式，表面上「克服」這種跡象背後的問題，卻成為另外一個大問題的根源。長期擔任某個年級的老師對於其他兩個年級的課程會逐漸不熟悉（因為在師資培育並沒有強力要求學生要對六個年級的課程都熟悉），要真實的協助學生從原先不會的項目轉為成功的學習，或是協助資優學生預先準備未來的課程上都顯得青澀。

這本書針對美國布希總統所提出來的教育政策，No Child Left Behind（在這本書我將它翻譯為「將每個孩童帶上來」的法規）與作者所強調的完備的績效制度之間的關連性作了相當貼切的闡釋。同時，他也針對教學現場與學生接受測驗所獲得的成績之間的許多傳統迷思概念作了相當清晰的剖析，讓讀者能夠瞭解老師的專業教學才是影響學生學習最主要的變因，而不是傳統上認為學生父母親的社經地位決定學生的學習成就。這也是公平的教育，或稱為教育機會均等的表徵。唯有落實公平的教育機會，我們才有資格大聲說「教育真的是一門專業的素養」。

這本書強調學生接受測驗的表現背後的原因。例如他指出一位老師自己的小孩屬於學習障礙的學童，看到班上有位學習障礙相當嚴重的學生接受測驗時，能夠完整的寫完考卷，雖然考試成績不好，將班上同學的平均成績拉了不少。但是這位老師想到自己的小孩卻因為學習障礙，而被學校排除在受測名單之外。當我們看到國內學校強調融合教育，也就是將不同能力的學生分配在同一個班級接受教育時，許多老師也會對那些讓全班平均成績下滑的學生有些許的怨言。我曾經就是這樣的學生，老師也明白在課堂上要求我在某些時刻「不要出現在教室裡面」，以免讓他丟臉。所以我對於這樣的現象特別感興趣。其實一個班級有各種能力的學生在一起，才是真實的教學。不過我們過去太強調「同質性高」的班級的教學，反而將教學矮化為單純的課堂講述，忽略了不同能力學生（或稱為學生多元化）對於全班學習時的可能貢獻。所以如果透過成績背後的意義，讓我們逐漸找尋出教學的專業，讓教學既是一門藝術，也是一門可以探究的科學，那麼我們的專業就會透過這種績效制度的推動而逐漸衍生出來。這也是後面兩章的報導主題。國科會和教育部不是每年提供許多經費讓教育專業伙伴研究教育現場的問題嗎？如果教學只是單純的藝術，有必要提供這麼多的經費來研究嗎？另外，由於網路科技的協助，已經讓我們設置許多「數位學堂」，透過數位學堂，可以讓我們節省許多教師的人事費用，還可以讓學生有選擇權，何樂而不為呢？

這本書其實在強調一個觀念，那就是在國民中、小學擔任教職是一門深奧的學問，所以代表著老師應該被社會大眾視為擁有專業的一群伙伴。我們如果走進任何一間電腦科技公司，就會發現有許多「利可貼」上面都張貼了一大堆奇奇怪怪的問題。這些問題多數是這個公司裡面的從事人員在開發新產品的時候，遇到瓶頸，卻不知道該如何克服的時刻，將那樣的疑問寫在利可貼上面，目的就是希望透過公司裡面其他的專業伙伴可能可以幫他們解決問題。最終的目的當然就是讓他們公司的產品可以領先其他公司的同性質產品。提出具有挑戰性的問題，是電腦科技公司是否能夠在競爭激烈的全球市場獲得勝利的保證。所以透過這種同儕的互動，許多電腦科技公司在短時間內以十倍速的方式成長，另外一些公司可能因為某些關係而無法適應這種激烈競爭的條件，而快速的從市場上消失。

同樣的，醫師同業也會經常交換意見。相信醫生的工作應該不會比老師這項工作輕鬆。他們可能在夜晚熟睡的狀況下，接到緊急電話 on call 而必須立即到醫院進行醫療工作。但是醫生同業只要是在同一所醫院工作的醫療伙伴，也會經常在剛完成一項手術或診療的工作之後，進行同儕間的討論。他們討論的重點是病患的特殊問題，有沒有其他更新穎的方式可以讓醫生輕鬆一些，也同時讓病患不必受到太多的折磨。

有一天在我研究室外面，看到數學教育學系的布告欄上面有費瑪（Fermat）的介紹。在那上面以非常明顯的字體書寫著「問題製造者」。費瑪在數學領域能夠享有盛名，應該就是他敢於挑戰許多前人沒有看到的問題。所以老師如果能夠想像自己也能在教育現場中，為提出高層次問題者且具挑戰權威的勇氣，相信未來的教育就會逐步改善。相對的，當我們不想要在教育現場認真思考這些高層次的問題時，我們的學生就會將他們改變為讓社會頭痛的問題任務，當然就會將這個挑戰性的問題，由教育部主管的範圍，轉移到法務部的主管範圍了！這一點不得不讓我們這些在教育界服務的伙伴共同思考。

這本書的作者應該就是採用電腦科技與醫療體制的專業伙伴經常採用的策略，來進行教師之間的專業對話。將一些例行性的教育宣導，或是行政會議的「宣讀會議資料」的時間，挪出來當作教師專業對話的時刻。既可以省略許多老師痛恨的宣導，更可以讓老師感受到同儕之間都擁有不同的專長。也因為這種形式上的更改而讓他們在無形中不斷的精益求精，當然就可以形成教學方面的專業模式。當然，要達成這樣的目的，就需要我們先對老師這個行業的一些背景資料有所瞭解，也需要我們承認教學時遇到孩童不肯學習，不是我們能力不足，而是一項紮實的挑戰。唯有透過專業伙伴的對話才能夠讓我們在未來的幾年之後，遇到類似問題時，可以大聲的說，我們找到適當的方式協助那些學生的學習了！

最後，我在這裡也需要感謝台北縣瑞柑國小的張文斌主任幫忙我掃描這本書，並且存為文字檔，讓我的翻譯工程難度降低許多，該校的林文生校長也是我在這方面的長期伙伴。當然這段翻譯期間，我的內人大力協助照顧小孩，讓我好像頓時變為單身貴族，不用擔心太多家務事。

陳 佩 正

2004年12月於國立台北師範學院

Chapter 1

一個「以A開頭的字」：人們為何痛恨績效？你又可以如何面對績效？

- 以學生為中心的績效制度
- 老師在績效方面的領導角色

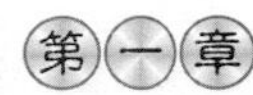

對於許多教育伙伴而言，績效早已經變為一個罵人的髒話了。有一位學區教育局長（譯註：美國各州的教育歸州政府管理。各州再分別設置一些轄區相當廣闊的學區，每一個學區有一位superintendent。國內沒有相對應的職稱，但是他們的工作相當於國內某個學區的最高教育主管，這裡就採用翻譯者一系列所採用的「學區教育局長」，部分翻譯者將它翻譯爲「督察長」，容易讓讀者誤以爲和國內的督學相類似）甚至告誡我說千萬別再提到「這個以A開頭的字」，這是因為在他的學區裡面，這個字是一個非常情緒化的字眼，很容易引起老師的反彈。這也難怪我們幾乎可以在全世界的每一個學校體制發現到，績效頂多只是一長串的考試成績所累積起來的冗長數據而已。大多數的社會大眾是這樣假設的，學生接受各種考試測驗的成績表現，經常是以班別、或學校、或整個學區的平均分數呈現，也是我們可以確保老師能夠持續以高效能的方式進行教學的唯一方式。當然，老師們也非常瞭解，他們的工作其實非常複雜，甚至遠超過學生在某一次測驗所得到的成績表現。他們也以人們可以理解的方式，來表達他們對於這種制度的憤怒。他們不相信他們所教導的學科內容、教學的創意、以及關心每一位學生的日常生活表現，只能夠使用這樣一個簡單的數字來說明。

對於教育界的伙伴而言，在我們面前的交叉路口，有兩個選擇的可能性。我們可以繼續抱怨這個體制，然後期望課程標準和各種測驗只是一時的流行；另一個選項就是我們或許可以帶領一種新的時尚風潮，針對教育界長久以來所頭痛的績效制度，將它順利完成脫胎換骨的工程（譯註：長久以來，全世界各國的教育改革都有一種奇怪的現象，那就是教育改革的訴求通常不是發自於教育界裡面從事的人員所提出來的改革構想；相對的，大多數是企業界對於新進員工在各方面的不滿意之後，所提出來的改革措施）。我們可以等待教育政策的決策者哪一天突然醒過來，發展一套完整無缺的績效制度（Reeves, 2002b），或許我們也可以主動且積極的超越社會大眾所瞭解的績效制度，發展一套遠超過他們期望的有效績效制度。這本書的核心論點，就是強調如果老師願意以積極的態度擁抱績效制度，他們就有可能可以深遠的影響教育政策，讓教育績效達到一個比較理想的境界。如果老師能夠以系統化的方式檢視他們教學專業的實務工作，以及他們對於學生學習成就的影響，這種反思分析的結果就非常有可能可以將教育界長久以來深刻痛恨的績效體制，從具有破壞性的雜亂無章，轉型為具有建設性、而且具有轉型能力的力量。

以學生為中心的績效制度

在底下的章節當中，我們探索一種以學生為中心的績效體制，想要針對它在本質上和我們所熟悉的傳統模式，也就是專門依賴測驗成績的績效體制進行分析比較，期望能夠找到它們之間的差異。這裡我們使用「以學生為中心（student-centered accountability）的績效制度」與「完整的績效制度（holistic accountability）」來說明一個既可以包含學生在學科方面的學習成績，也同時可以包含那些和課程有關連的特定資訊、老師的教學實務工作、以及領導者的領導統御風格等等的績效制度。除此之外，一個以學生為中心的體制也包含一個在統計資料和質性方面能夠均衡的指標：我們認為在質性方面，這套績效體制需要提供一些數字背後所隱藏的故事，才能夠真實說明績效體制。最後，以學生為中心的績效體制將焦點集中在個別學生的進展情況，而不是完全依賴一整個大族群學生群體的平均分數，因為這樣一個大群體的學生可能根本就沒有分享過相類似的學習需求，或者面對類似的教學策略、或出席情況、以及一些會影響測驗成績的變因。請注意，我們所強調的「以學生為中心的績效制度」並不是要將測驗的成績排除在外；相對的，我們會將傳統的績效報告包含在我們呈現的績效制度之內。我們相信唯有當社區領導人、教育委員會的成員、行政人員、家長和老師都能夠瞭解績效的內涵時，他們才會瞭解數目字背後的意義，而那些數目字到目前，只是許多地方的報紙增添色彩的工具。

以學生為中心的績效體制必須面臨一個立即的挑戰，那就是有許多教育界的伙伴會這麼說：「不過社會大眾根本就不想要聽學生接受測驗成績以外的任何事情，沒有人會對那些數目字以外的任何事情感到興趣的！」幸運的是，近年來所發生的一些事情讓我們有機會仔細針對這項邏輯進行公平、公正的檢視。在二十一世紀初期一些企業界所面臨的災難，為我們在這一方面的立場提供一些強而有力的證據，也就是認為社會大眾所公認的一些底線，並無法提供我們對企業界的整個瞭解，同樣的推理也可以運用到教育方面。每一位老師都知道單純呈現一組數目字，卻沒有針對深層的原因提供一個深入的理解，將會造成分析時的崩盤。畢竟像是Enron這樣的企業曾經擁有非常亮麗的經營數字（譯註：Enron 曾經是一個擁有幾十億美元資金的大企業，卻突然宣佈破產。如果只看到這家大企業的經營表象，而沒有瞭解企業文化，就會受到表象數字的虛假而受騙），不過這家企業有許多即將退休的伙伴，一定相當後悔他們對於那些數目字背後的故事沒有深入的理解。企業的財政資料公開，例如包含多元的評估與敘事性故事，以及相對應的數目字通常遠遠超過單純公開一些秘而不宣的數目字來得有用多了。在教育界的範疇當中，所謂教育界的Enron 將會陸續產生，當某一所學校因為他們的學生成績表現比較傑出而獲得短期的讚賞之後，很可能內部消息讓外界瞭解到那一所學校的中輟生比例是非常離譜的高；當然也有可能是因為他們學校有許多學生在測驗的成績上並不怎麼亮麗，但是因為學校將那些學生歸類為特殊教育需求的學生，而將那群學生從考試的名單上刪除掉。這些都可能讓學校在公開的評比之下獲得優秀的表現。

我們確定有三個必要的理由，讓老師應該承擔起修訂和改善教育績效的領導地位。首先，以學生為中心的績效模式遠比傳統的績效模式精準多了。其次，這種模式比較具有建設性。還有第三點，我們認為它會提供給教職員工更理想的原動力（motivation）來推動嶄新的績效制度。

更精準方面

為了要深入瞭解為何以學生為中心的績效制度會遠比傳統的績效制度更加精準，讓我們先來考慮一個醫學方面的類比（analogy）。如果說我那個正值青春期的女兒，醫生建議她減重二十磅。有一種可能是在經過幾個星期之後，我的女兒相當驕傲的告訴我：「老爸，我在這幾個星期當中減重減了二十磅吔！」我們是否可以使用這種評估方式，也就是減重的數量，而感到滿足呢？換句話說，我是否可以認為減了這樣的體重之後，就可以精確的描繪我女兒的健康情況呢？我不認為這樣的推理是恰當的。若我們真的肯花時間去瞭解她減重的原因，是透過食物控制和運動兩相結合的策略所得到的結果，我們或許可以得到一種結論；當然我們也可能會獲得另一截然不同的結論，如果我們發現她減重的原因是透過毒品的濫用和飲食失調的結果。這樣的「成績」，也就是減了二十磅的體重，是相同的，不過這樣的成績並無法讓我們精確的瞭解這位病人的健康情形，除非我們還有額外的資訊，才能夠獲得一個「以病人為中心」的績效考核制度。同理可推，學生的高分群和低分群的成績表現，如果沒有提供一個真實的情境，我們根本就無法深入理解一套「以學生為中心的績效制度」。

更具有建設性➲

由於以學生為中心的績效制度將焦點集中在改善教與學的現場，而不是單純依賴一次評量的結果、與結果報告書的問世，所以它遠比傳統的績效制度更具有建設性。畢竟我們要深入探究的一個問題就是「我們在教室裡面進行評量的根本目的為何？我們真的只要宣布一個成績，並將學生分類為不同的學習資質嗎？」（譯註：其實翻譯者想要翻譯這本書，主要是因爲在民國九十三年陸續發生中部某縣的國中強制將學生分爲前半段和後半段班級，並且提供全然不同的待遇給前、後半段的學生；另外就是台灣大學片面公告他們的新生來自於某些明星學校。這些作爲都是出自於教育人員的好意，卻在無形中嚴重影響學生的求學權利）在最成功的班級裡面，老師和學生都瞭解到評量的目的是要改善學生的實作表現嗎？透過測驗，所以我們知道該如何學習才會獲得更好的實作表現，老師也才知道該如何教導學生，才會讓學生表現得更加亮麗。當某一次的測驗結果讓我們知道學生的實作並不理想時，這樣的結果不僅是一個單一的分數，還是一個改善歷程的開端。我們深信，教育績效的目的也是為了改善教室裡面的教與學。它應該是一個建設性的歷程，讓我們知道成功的結果可以連結到一些特定的教學和領導的實務工作，唯有如此看待績效制度，老師和學校主管才可以確認他們具有哪些成功的實務工作是可以複製的。當某一個績效體制提供的資料告訴我們某些不甚滿意的

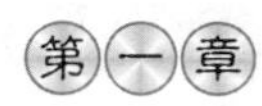

結果時，目的不是要來羞辱、或控訴某些人的作為；相對的，它應該讓我們想要找尋學生實作表現不佳的真正原因，並且發展某些特定的策略來改善學生的實作表現結果。我所認識的每一位老師都想要讓學生有成功的機會，原因很簡單，因為這樣的結果可以讓大家都獲得一個更愉悅的生活，而且學生的成功經歷更提供我們在這樣一個具有挑戰性和複雜的行業當中，堅持我們的教育理念和實務工作。當我們擁有一套建設性的策略可以改善我們的教與學，而不是宣布我們某些失敗的措施時，我們才比較可能繼續參與一個為我們與我們的學生改善教學現場的績效體制。

更理想的原動力

第三個推動以學生為中心的績效制度的原因，對許多學校是非常迫切需要的，不管是針對教職員工、或者相關的工作人員，在士氣、原動力與參與程度上都更為紮實。全體教職員工的投入對於績效的重要性是不可輕忽的；如果我們能夠看到教職員工獨立自主、自願性的參與，拿這樣的參與去和他們單純配合行政要求相比較，當然更可以提升整體組織架構的成功機率（Coffman, Gonzalez Molina, & Clifton, 2002）。不管學校的課程架構如何制訂、發展，也不管學校是如何管理經營的，老師與學生之間的密切互動，是一群勤奮工作、具有專長、而且非常重視承諾的老師群體所帶動的結果。即使是那些經常在校園巡視的行政人員，也無法時刻都身處於各教室裡面指導每位老師的教學過程。除此之外，即使我們擁有最詳細記載的績效過程，如果老師沒有全心全力的投入，以及全程參與學生的學習歷程，也無法確保高品質的教學活動真實的發生在每一間教室裡面。老師們對於傳統績效幾乎都有高度的不滿情緒，這些不滿的情緒都反應在許多研究報告裡面，說明老師所面臨的壓力、焦慮、以及怨恨等等。有些時候，這樣的情緒反應被媒體誤導為老師根本就沒有意願擔負起學生學習的績效；導致老師不願意參與的一項重要根源，讓老師產生一種徒勞無功的強烈感受，他們對於績效考評的過程也都使不上力。在我訪問全美國各地老師的期間，有一項明顯的現象反覆出現在訪談的內容中：老師非常願意承擔學生學習的成績，也願意成為一個肯擔負責任的人，不過當外面的人要他們針對那些幾乎不曾出現在校園裡的學生負起學習的責任時，他們就會感到極端的挫折；他們對於整個學校學生的學習績效必須由老師和校長全部扛起責任的現象也感到相當憤怒。對於這群老師而言，他們確信在學童的整個教育歷程當中，還有其他參與者，包含學生的家長、支援教學現場的職員伙伴、以及各地方的教育主管單位，都對學童的學習成就有非常吃重的角色。但是只要學生在測驗所獲得的成績不甚滿意時，所有指責的矛頭都指向老師和校長而已。

雖然我們不能夠保證以學生為中心的績效考評制度，可以針對老師和教職員工那種沮喪行為提供恰當的解藥，不過它仍然可以讓老師們在教育績效考評過程當中，因為具有公正和意義的存在而恢復一點信心；這是因為這套以學生為中心的績效考核制度包含一些指標是老師可以直接控制和影響的範圍。另外，因為這套以學生為中心的績效制度相當完備，也包含傳統制度下所擁有的測驗成績，所以這樣的制度讓大家清楚瞭解，重要的是老師的品質、家長的參與投入、學生的流動性，以及許多其他相關的因素，都會影響學生的學習成就，偏偏那些重要的因素在傳統的績效考核制度上都被忽略了。

以學生為中心的績效考核制度並不是一種公關的手段，也就是說我們不認為這套制度只呈現學校成功的一面，卻故意遮掩了某些不很成功的面向。不過我們要強調的是，這套以學生為中心的績效考核制度確實提供一個詳細說明的文件，讓每個人都可以瞭解在教室階層成功的範例，包含許多傳統上因為只提供一個簡單的平均分數而備受忽略的成功個案。由於這樣的制度包含了在數量上面的數目字，以及相關的說明文件，所以這個以學生為中心的績效制度將會包含一些敘事性的故事、個案研究、以及一些小插曲來定義一些偉大的教學和領導模式。

此外，當我們在這一方面收集了成千上萬的個案之後，就可以提供一個研究的基礎，讓以後的研究者可以採用系統的分析方式來探究在每一所學校和學區真實有用的實務工作有哪些項目了（譯註：一般來說，質性研究要進行這類型的後設分析研究比較困難。不過目前有一個質性研究法，採用所謂的紮根理論的研究法，將許多質性的敘事性故事，以一些方式表達共同的特質。對這方面有興趣的讀者，建議您參考紮根理論，以及其他質性的後設分析模式）。我們也深信教職員工不會因為上級長官錯誤的判斷或/和肯定而士氣大振，例如上級長官可能說：「好得很！」，不過每個人都清楚瞭解根本不是那回事。相對的，我們深信教職員工的士氣會因為我們真實的面對挑戰而改善；同樣的，領導者也能夠清晰瞭解到硬碰硬的解決這些挑戰的各種方案，其實就在他們自己的學校和學區裡頭。偉大的領導者需要發展一套系統化的方式，以便在他們學校裡面的老師正在正確執行某些事情的時候出現在老師身邊，並且詳細記錄這些成功的範例，讓那些成功的範例成為教職員工聚會時的討論重點，以及教師專業發展課程時的焦點，最後再運用那些成功的範例，巧妙的克服可能的挫敗和挑戰。這些實務作為其實就是底下兩大類老師之間的主要差別。一類老師會認為：「我們確實有問題，想要改變根本就毫無希望——都是這些學童和他們家庭的錯，我們根本無法改變現況」。另一類型的老師則會認為：「我們確實有些問題，在我們詳細檢視所有的證據之後，我們確認還有希望可以克服這些問題，這裡所呈現的就是我們如何面對這些挑戰的清單……」

老師在績效方面的領導角色

當績效考核制度完全是由民意機構、教育委員會、學區教育局長等人所制訂時，就會產生一個無可避免的後果，那就是這樣的結果會讓老師和社會大眾認為績效是這些群體從不同角度施加給老師和學生的無形壓力。即使對於某些學校和學區而言，或許他們的領導者引以為傲的強調他們擁有「共同分享決策」、與「學

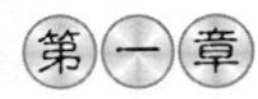

校本位管理」的文化，不過績效考核制度的產生和執行，經常會破壞每一位領導者所提倡的嶄新計畫。這種矛盾的現象讓那些喜好向學區教育局長抱怨的人充滿了各種批評的理由，例如他們可能會說：「當然啦！她提到參與者共同決策的各種優點和作法，不過當我們需要設計一套績效考核制度的時刻，就完全是一種由上而下的管理模式。領導者的行動和行為讓我們清楚的瞭解到老師所提出來的任何主張根本毫無作用，而且我們所提出來的任何回饋也都被丟到垃圾桶去了。」為了公平起見，讓我們也來看看許多學區教育局長可能的反應，例如他們可能說：「不過我的雙手都被綁得緊緊的——我只是依照州政府立法機關，以及我們學校的教育委員會，這兩個單位要求我去執行的項目而已。」或許我們可以想辦法在這樣的僵局下突破重圍，那就是老師必須在績效考核制度上擔負起領導的角色。

當我們想要回饋老師的辛勞時，我經常這樣告訴學校的教育委員會和學區的教育局長：「法規上沒有禁止您給老師更優渥的待遇。」相對的，法律也沒有禁止老師超越州政府的法規和學區的政策要求，變得更加具有責任感。或許您的學校體制正陷於一個陷阱，那個陷阱就是只採用一套學生的測驗成績來當作整個學校或學區的績效考核成績。與其等待民意機關、學區教育委員會、或學區教育局長突然間醒過來，改變目前的績效制度，為何您不擔當起領導的地位呢？即使是在最粗糙的績效環境之下，老師們還是可以帶頭分析他們自己的教學實務作為，並且測試那些實務作為和學生學習成就之間的關係。縱然是資深的領導者抗拒這種以學生為中心的績效制度，由於老師對於學生學習成就的潛在影響力，他們也可以選擇恰當的進修管道，或者也可以在教職員工會議、學科會議、或學年會議上，練習他們的選擇權，讓更多老師瞭解這種作為的潛力。老師們可以發行各種簡訊和績效報告，讓更多人瞭解學生考試成績背後的許多故事，也可以和家長與其他利害相關者溝通他們所面臨的挑戰和許多成功的故事。老師們可以發行「最佳實務工作」手冊，清楚說明他們可能犯的錯誤，以及標示他們成功的個案，或者針對初任教師與資深老師提供相關的輔導。如果以一句話來說明我們的觀點，那就是我們希望老師擁抱績效制度。他們可以想辦法接近他們的領導者、他們學校的教育委員會、以及社會大眾，並且告訴他們：「我們將會超越你們對於我們的期望，而且我們即將以一種具有建設性和以學生為中心的模式來發展嶄新的績效制度。我們不是因為任何一項法規、或政策的要求才這樣推動的，我們選擇這樣的作為是因為我們知道這才是正確的選擇，而且這也都是為了要讓我們的學生能夠發揮他們的潛力而做的工作。」

如果這樣一種對於績效的願景看起來相當具有魅力，那麼請繼續閱讀接下來的各個章節，並且學習該如何執行才恰當。不過如果它看起來根本就是不可能完成的任務，那麼也請繼續閱讀其他章節，以便知曉全國各地的伙伴是如何完成這項不可能的任務的。如果聽起來這是一項相當複雜的工作，那麼請閱讀其他章節，您將會發現一些工具是您可以立即運用來破除評量和績效的困擾。即使這種以學生為中心的績效制度並不是一件容易推動的工作，我們相信它會比目前社會大眾所熟悉的測驗成績模式更有益處，因為社會大眾所熟悉的那種模式，透過測驗成績，充滿各種威脅、恐嚇，更會讓老師的工作士氣大幅度的下降。您在這個過程的投入，將因為學生更棒的學習成就、您個人教學專業能力的提升、更多個人的滿足感、以及每一天參與這項全世界最重要的工作所獲得的愉悅感受而得到回饋的。

Chapter 2

績效的核心：確認和評估教學的實務工作

- 完備績效制度的內涵
- 產生卓越表現之前看得到的標竿
- 完備績效體制的關鍵指標
- 基礎架構或是微觀的管理？

當海德柔（Hadzel）老師翻開當地的地方報紙，看到頭版新聞的內容時，幾乎哭成了淚人兒。在頭版新聞上，看起來就像是要寫給全世界的人都看得到的消息，也就是這個社區所涵蓋的每一所學校在最近一次州政府舉辦的測驗所得到的平均成績，新聞上公佈了每一所學校、每一個班級的考試成績。雖然年紀逐年增長，不過她還是相當的頑固，因為年紀老化而逐漸衰退的視力，還是堅持不肯使用哪種雙焦點的眼鏡。可是這篇文章卻逼迫她拿起放大鏡，才能夠閱讀報紙上以超小字體所排列出來的資料。在報紙上面她看到這樣的資料：「4H 史坦利 82 符合要求」的字樣。每當讀者看到這樣一系列的資料時都會自動解讀為她那群在史坦利小學就讀的四年級學生——以 H 代表海德柔老師姓名的第一個字母（Hadzel）——在最近一次由州政府所主辦的測驗時，學生所得到的整體平均分數為八十二分，因此被評比為「符合要求」的等級。

「我所投入的精神，每一位學生在學業方面的進展，還有那些無盡的愛，偏偏這樣的資料就是人們怎麼看待我的工作的主要來源依據——『4H—史坦利 82 符合要求』」她這麼想著。「我們在親師座談所投入的努力，怎麼都沒有被提出來討論呢？還有那個叫做麥克海爾的小男孩，在他來到這所學校之前根本連一句英文都不會講，我每天一大早和放學之後特別協助他的情形，怎麼也都沒有提出來討論呢？雖然他的英文還相當不流利，但是也參與了這一次的考試，還考了七十多分呢！對了，還有那位身心發展比較緩慢的喇曼，他在這一次考試當中奮力的獨力完成全部考卷的內容，即使他花了四個小時才考完試，不過就在他獨立考完試之後，累斃的將鉛筆放下來的那一刻，臉上充滿著驕傲的感受，雖然他只得到三十六分，但是我還是以他為榮。」海德柔老師自己有一位學習障礙的女兒，在面對州政府的考試測驗時，被她的老師排斥在外，所以她對於喇曼的表現有一種特別濃厚的感受。海德柔老師的女兒沒有參加州政府的測驗，主要是因為她的老師和學校主管擔心如果讓她參與，可能會把全校學生的總平均分數拉下來，才會禁止她參與州政府的測驗評量。

「我們為何要將教學的藝術與科學，簡化為幾個非常膚淺的數目字呢？」有一個簡單的方式回應這個問題，那就是去怪罪一群具有陰謀的政客和行政主管，或是將這樣的陰謀論擴大到可以包含大企業，乃至於娛樂事業的相關人士等等。不過以這種方式去怪罪這些替代的犧牲者，並不值得教學專業的我們這樣做，我們應該可以做得更好才對。確實，我們自己在教育界應該檢討為何績效的制度會被簡化為一連串的測驗成績而已。因為我們沒有主動向外界說明我們親身體驗的故事。因為我們實際上會抗拒那些評估教室裡各項活動、專業教學策略、課程執行方式、以及學校本位的領導決策等等的嘗試。我們堅持著「教育是一門藝術，絕對不是一門真實的科學」的理念，所以我們根本就不願意讓其他人走進我們的教室，進行仔細的觀察、或進行精確的評估，而讓我們失去了改善教學的大好機會。那樣的心態讓一些專門喜歡挑剔我們毛病的人作了一項簡單的選擇，就是將海德柔老師的教學世界簡化為「4H 史坦利 82 符合要求」的評比。

其實我們大可不必如此忍受外界對我們這種異樣的眼光。教育的績效制度可以是一個完整的評估，而不是零散的資料整合。績效可以告訴每個人我們的學生、老師、行政人員、家長、伙伴是如何將他們的學校轉換為一個充滿著各種驚奇故事的地方。這不是那些長期住在象牙塔裡的學者所流連忘返的期望，而是我們這些在第一線現場的人所給予的承諾；我們想要讓績效的結果超越單純測驗成績，也唯有我們到許多教室進行真實的觀察才能夠得到這樣的結論。

全國各地的老師早就已經創造了許多嶄新的績效制度，不僅能夠反應他們在工作上的投入，也說明學生在學習成就上的各種變因。有人或許會認為他們這種努力會獲得各界的好評，不過真實的情形，卻是他們克服了那些一邊抱怨各種測驗的無意義反覆練習，也一邊抗拒任何形式的績效制度改變的反對者聲浪。那些反對完備績效制度的批評，不斷湧入那些對於公立教育的批評聲浪，他們仍然認為教育界的伙伴是不肯負起責任、也不會和社會大眾協商的一群人。這些批評者聲稱，唯有透過考試制度的成績表現，才能夠督促那群懶惰的老師恢復一點人樣。當然我們也可以採用他們的邏輯來推論，批評者也會針對那些患有高血壓的病患進行血壓的測量，不過他們可能不會關心病患的飲食習慣、運動的狀況、用藥情形、或遺傳的疾病等等——他們關心的就是病患經過血壓計測量之後的血壓情況。對於高血壓的患者來說，這絕對不是一個令人興奮的情形，不過如果高血壓的病患也跟我們這裡所討論的公立教育一樣具有吸引力，那麼我們深信很少人會對這種愚蠢而且不合邏輯的分析感到困擾。如果教育界的伙伴想要讓社會大眾瞭解績效的考評不應該只限於考試測驗的成績而已，那麼他們就必須熱切擁抱這個績效的制度來進行一項具有建設性的改革措施，而不是盡力去抗拒這種在制度面的改革。教育的伙伴需要告訴社會大眾他們在教室內、與教室外所發生的故事，包含他們為了學生和家長的利益著想所投入的各種努力。這樣的努力就需要老師將他們每一天所進行的活動以量化的方式記載下來，也需要以文字的模式詳細說明他們努力的程度，以及他們對於這套機制的理解和承諾。換句話說，他們就必須擁抱這個完備的績效制度。

完備績效制度的內涵

針對「績效絕對遠遠超過測驗的成績」這個核心論點，我在另外兩本書有詳細的說明，他們分別是《行動中的績效：學習型組織的一個藍圖》（*Accountability in Action: A Blueprint for Learning Organizations,* Reeves, 2000a），以及《完整的績效：連結學生、學校與社區的作法》（*Holistic Accountability: Serving Students, Schools, and Community,* Reeves, 2002b）。《行動中的績效》一書針對一個團隊的行政人員和老師提供一個按部就班的方法來創造一個完整的學區績效體制。另外，《完整的績效》這本書則比較簡短，它概要性的介紹完備績效制度的本質，我個人認為這本書比較適合給教育委員會的成員、和民意代表、資深的行政人員認識這套新制度所需要的簡要說明。那麼您或許想要瞭解，這本書和前面兩本書在本質上有什麼主要的差別嗎？這本書強調的是老師的需求。這本書強調老師不必靜靜的等待州階層的民意機構、或當地的教育委員會制訂新的績效政策。相對的，它強調老師們在不同的學科和年級就可以採用的步驟，然後將這樣的步驟轉換為一個建設性的方式來改善教學現場的各種疑難雜症。縱然您是在那些仍然深陷於傳統績效制度的迷思，也就是整個州和學校體制都還認為績效根本就是一套測驗的成績而已的地方，有效能的老師可以透過他們的創新構想，開始架構一個新的績效制度，讓社會大眾可以看得到這群老師的努力，也就是讓社會大眾看得到他們為學生在測驗評量的成績表現背後的各種努力。這樣的努力都可以寫成成功的故事，他們可以包含教室裡面的教學、課程、學生的行為、以及領導決策的厚實描述。這樣的情境說明才是讓績效轉變為真實有意義的一個作為。

產生卓越表現之前看得到的標竿

有兩種類型的人會閱讀這本書籍。第一類型的教育伙伴或許會認為：「我當然知道我很棒，而且我也知道我的學生在測驗時的表現相當亮眼。每一次在州政府和學區公佈績效成績時，我的學生總是最亮眼的那一群，我真的不知道我為什麼要進行任何和教育績效有關連的努力呢？這種稱為『完備的績效』的東西聽起來只是要我做更多書面報告而已，我寧可花比較多的時間來和我的學生進行更密切的互動。」至於第二類型的教育伙伴可能相當悲哀的認為：「我早就過度勞累了——不管我多麼認真努力，也不管我作了多少事情，我在這個行業的各種努力付出，好像和報紙上所刊登的學生測驗成績完全沒有關連。這是一點也不令人意外的事情，想想看在春季接受州政府測驗的學生當中有40%的人數，到了秋季的時候，早已不在這所學校了！我還有一些同儕他們服務的學校才更離譜呢！有超過80%的學生在一整年當中不斷變更他們的老師，有些是因為他們在許多學校之間轉來轉去，有些則是因為他們經常缺席。我真不知道那些數據真能反應我們當作專業的教育伙伴所應具備的能力嗎？」（譯註：美國境內的都會型學校經常受到這樣的干擾，整個學區受到不良青少年的威脅恐嚇，幾乎到了非常荒唐的地步。《天下雜誌》翻譯的〈槍響之後〉就是說明這類型學校所面臨的困境與解決的策略。）

這兩類型的教育伙伴都值得我們為他們提供深思熟慮的回應。對於第一類型的老師我應該這麼說吧！如果目前大家所熟悉的那個績效制度對他們而言是相當不錯的一個方式，那麼他們就應該非常高興，並且珍惜他們目前所擁有的幸運。對於任何一位老師而言，我們都鮮少聽到他們會認為地方性的報紙，真實反應了他們在教學上所投入的努力，當然就更不用說州政府或學區所頒布的績效結果了。當我們進一步檢視績效體制的時候，即使是那些最悲觀的老師還是會記得在他們的教學生涯當中，在教室裡曾經

發生過的哪些黃金時刻，例如在課堂當中和某一位學生之間產生了師生之間的心靈連結、或是一位精熟的學生突然更進一步邁向傑出卓越的表現、或是一位原先不肯學習的學生突然間投入學習的瞬間。而這些關鍵的時分，也就是讓我們還願意繼續在這個志業裡面持續投入，即使那群讓我們感動過的學生早就已經畢業多年，偏偏這些資料都顯少出現在「偽裝成績效結果」的那些貧瘠的數字。因此，即使是那些備受民眾肯定的老師，可能因為他們的學生在績效相關的測驗表現獲得極度亮麗的成績，所以還沒有感受到績效制度可能帶來的政治壓力。不過我們認為他們應該還是希望能夠找尋一套系統化的方式，來評估他們的教學、領導風格、與課程之間是如何與績效制度相互連結的，當然最終的目標就是要改善我們所熟悉的績效制度了。

至於那些屬於第二類型的老師，那些非常認真教學，不過在目前主流的績效體制上卻鮮少獲得認同的老師，我們認為他們將會是我們這套完備績效制度的熱情推廣者。他們知道在一個典型的績效制度下某種分數根本無法反應他們在教學上的投入。他們非常清楚這樣的分數就像是醫學上的統計數字一樣。或許這些病患當中有些人參與某個臨床試驗，卻在一段時間之後，沒有依據醫生的指示，進行醫療復原的診療，反而跑去看另一個醫生，進行全然不同的醫療程序，或是非常謹慎的參與另一個和健康行為背道而馳的醫療程序。如果那些醫療相關的研究報導所包含的病患是一些孩童，但是他們的家長卻沒有依照醫生的指示，讓他們的子女在適當的時機接受醫生的治療，或者盡量避免他們的孩童進行傷害健康的活動，那麼我們幾乎可以確定的，就是那樣醫學研究的審查人員很快的就會瞭解到病患是否恢復健康情況，與醫生的醫療能力、以及醫院的醫療品質沒有絕對的關連性。當那些病患向別人抱怨他們的健康情況逐漸衰退時，鮮少有人會去責怪醫生的。然而當學生經常缺課、或經常轉學、或上課不專心、或在家庭裡欠缺關注等因素也包含在績效評量的運算方程式時，我們還是看到教育界仍然一成不變的推論這是老師和學校系統的錯誤。我們非常堅信，應該會有一套更好的績效考核制度存在。誠如醫療研究的類比已清楚告訴我們，我們不能僅考慮那些和學習結果有關連的變因而已，就像是病患的健康情況；我們還要考慮哪些原因造成那樣的結果，就非常類似醫療人員所採取的行動以及其他人員對於病患可能產生的影響，都要涵蓋在我們的考慮範圍內才算公平。在學校的情境當中，推動完備績效體制的一個核心觀點，就是我們不能夠單純考慮結果的變因——也就是學生接受測驗的成績表現——我們還要考慮那些影響結果的變因——也就是教學、課程、家長參與程度、領導者決策歷程、以及許多其他會影響學生在測驗評量時的各種指標性因素都必須涵蓋在運算的方程式裡。所以我們認為老師在這裡必須先深度的考慮他們是否真的要推動完備的績效制度，來解決他們目前所遭遇到的兩難困境。另一方面，老師們早就被許多測驗、書面資料的準備而備感疲憊。所以每當他們聽到一個額外的負擔，都會有一個發自內心的反應，那就是「夠了！我早就已經超限使用了，我絕對找不到其他額外的時間來做這份多餘的工作！」如果那種反應超過我們推動完備的績效制度所需要的額外文件工作的訴求，我們就會淪落到批評我們的那些人的手上，成為他們刀俎下的犧牲者。當他們看到一系列表現不好的測驗成績時，他們還是會說著：「當然啦！老師們總認為他們早就已經非常認真的投入這些林林總總的工作。不過呢！證據就在我們眼前上演著，這些測驗成績清楚的告訴我們，老師們根本就沒有做到該做的事情。」

這樣的兩難困境是相當清晰，也是可以理解的。在困境的一端，老師會說：「績效遠遠超過測驗的成績——我們非常認真投入工作的努力，應該獲得社會大眾的肯定，而且這樣的肯定應該不是目前這種典型的績效體制所能夠測試出來的！」在困境的另一端，許多老師則認為：「別再要求我再做更多的報告或書面資料了——我已經累垮了，也沒有多少興趣了！」突破這個兩難困境的唯一方法，就是要瞭解我們是自己最好的宣傳員。只有我們願意和大家分享我們在教育工作崗位上的許多故事，並且提供質量並重的資訊，讓大家瞭解在我們教室裡真實發生的許多事情，才能夠讓我們開始有能力去平衡這個已經偏頗的天平，也才能夠給教育的績效體制提供一些邏輯性和推動的意義。唯有針對課程和教學實務提供額外的資料，我們才能夠提供社會大眾合適的管道，深入瞭解目前所盛行績效體制的測驗成績中黑盒子裡面所裝的東西是什麼。

完備績效體制的關鍵指標

完備的績效體制強烈依賴幾項關鍵的指標，我們可以將這些指標歸類為四個類別：(1)教學、(2)領導統御、(3)課程、以及(4)家長和社區的參與投入。（請參考「附錄一」，您將可以在「附錄一」查詢到我們真正使用過的一個績效體制的指標清單。）

教學

「教學是一門藝術，絕對不是一門科學」一位教師聯盟的領導者非常憤怒的告訴我。「我們所做的事情根本就沒有辦法評量的！」她相當頑固且堅持這樣的論點。我立即感受到一種突如其來的窒息感，我發現類似的觀點在醫學界轉型為現代的醫學設施和要求之前，也非常廣泛流行於醫學方面的治療。在那個不很現代的時代，一位醫師可能好幾天都忘了要將他的雙手清洗乾淨，而導致一些不良的醫療後果；所以萬一在醫死病患時，他們會認為這是黑色幽默或是惡魔所帶來的災難，和他們的醫療完全沒有關係！系統化的評估工作因此開始挑戰醫師的道德權威。很幸運的，對我們每一個人來說，科學方法後來總算演變為醫學治療方面的主流觀點。在二十一世紀的今日，我們仍然會看到有些醫學方面的藝術實務層面。那類型的藝術包含了某些醫師擁有的真誠的移情作用，而其他醫師雖然使用相同的科學方式協助病患，卻沒有類似的藝術層面的展現（譯註：這裡講的應該是有些醫生能夠體會病患的苦難，而以同理心進行醫療措施；相對的，另外一些醫師以賺錢爲目的，當然將病患當作搖錢樹，根本不理會病患的心情。當然也或許有些醫生就是不擅長在醫療的辛苦過程當中還要展現體貼的一面而有這樣的表現。讀者可以欣賞《心靈點滴》那部影片當中，男主角的觀點和該班第一名同學的各方面表現）。然而我們還是相當幸運，就是當我們進醫院接受診療時，即使面對那些沒有人性，不會以同理心看待病患的醫師，他們也同樣依賴整套科學化的醫療措施來進行病患的醫療工作。

相同的，在教育的領域範疇內，批評我們的人如果堅持「教學是一門藝術」就可能是一項正確的選項。不過在誘導一個孩童參與學習，真誠的熱愛學生、與照顧學生的那種藝術，都不可能反應在一個測驗，或是州政府所進行的測驗成績。所以如果以這樣的類推，將教學當成一門藝術是沒有違背這種教學現場的溫馨氛圍。不過，另一方面，許多研究人員反覆進行的系統化教室觀察也指出，某些教學實務比較有可能對學生產生正面的影響力。例如，我們知道在教學的當下，精確與即時針對學生的問題提供回饋的建議，以及堅持學生以各種方式呈現複雜的觀點是一種可以大幅度改善學生學習成就的技巧（Marzano, Pickering, & Pollock, 2001）。同樣的，我們也知道真實評量和非小說類型的寫作，如果能夠搭配校訂（editing），並且要求學生依據校訂結果來重寫文章，也可以巨幅的改善學生的學習成就等等（Calkins, 1994; Darling-Hammond, 1997; Reeves, 2000b）。

有效運用完備的績效體制將可以協助我們辨識出平凡的老師是如何在每一天的教學工作當中，推動非常不平凡的任務。此外，精確而且持續紀錄老師們所執行的非凡任務，讓我們清楚瞭解到，能夠辨認出老師所投入的這些努力是非常有價值的投資——即使當學生從一所學校轉學到另外一所學校，即使當某些學生並沒有規律性的上學，或者即使當某些學生進入我們的學校時，已經具備非常明顯的社會或學習障礙，而無法在短短一年內協助他們克服學習方面的障礙時，這樣的努力都是非常值得我們投入心力的。如果沒有這種詳細的紀錄，老師就會淪為他們的學生在測驗評量時所考出來的分數之下的犧牲者那種我們熟悉的刻板印象了。完備的績效體制，簡短的說，就是希望能夠掌握老師正在進行優異教學工作的當下，並且加以記錄。底下的清單提供一些教學活動，或許當您在考慮推動完備的績效體制時，可以恰如其份的將它納入你們的制度上。

- 評量學生寫作能力的頻率。
- 老師協同評分的頻率。
- 針對匿名的學生作品進行評分，達到共識的百分比例。
- 共同評量學生作品，想要達到 80%共識所需要花費的時間。
- 將科技融入課程的百分比例。
- 在一些和語文科無關的課程中，要求學生針對老師提供的建議加以修正和重寫的百分比例（譯註：這項要求主要是針對所謂「在各個學科的教學，要求使用相同的語文標準」所進行的。許多和語文課程無關的課程進行時，老師對於語文的要求會降低。相對的，在某些科目的教學，老師會提高他們對於學生在高層次思考的要求，卻不在語文科的教學要求學生進行高層次思考，就會形成各科獨立作業的零散要求）。

- 當老師提供回饋意見給學生，學生會針對老師提供的回饋，採取行動的頻率。
- 隨時更新學生寫作檔案的頻率。
- 隨時更新學生在閱讀評量方面的頻率（連續的紀錄或類似的資料夾）。
- 學生的檔案獲得教學的同事或行政人員加以評量的百分比例。

領導統御 ➲

我們可以這麼說，學校裡的任何一位學生不應該比學校裡的任何一位老師擔負起更多的責任和績效，這應該可以說是一個基本的道德原則。同樣的，一個和領導統御有關連的道德原則，認為學校裡的老師應該不必和學校的領導者競爭他們應該擔負的責任和績效。如果我們想要堅持一套由上往下，強制老師和學生的績效制度，我們就無法提供一個在道德上可以永續發展的政策。

一個具有建設性的替代方案倒是存在著。在一個完備的績效制度下，領導者擁抱著肩負起責任的每一個機會。他們會主動辨識每一天的工作，像是他們輔導同事的某些特定行為，下班之後他們是如何運用自己的時間，以及他們是如何想辦法將他們的價值觀透過各種管道在學校進行的方法等等。這些行為可以透過一些評量的方式加以觀察，然後採用前後一致的方式，有始有終、堅持的完整紀錄。如果他們能夠記錄自己每一天的行為，就像他們記錄學生接受測驗的成績表現，或像老師的行為般嚴謹，就相當值得肯定。底下所條列的是當您在推動完備的績效體制之前，可以優先考慮的一些有潛力的領導行為。

- 教職員會議的討論，或學校的整體行動，與學生學習成就有關連的百分比例。
- 教師專業成長的活動有多少百分比例和教室的教學實務有直接的關連性，而這些活動又有多少是和學生的學習成就有關連呢？
- 學生家長當中有多少百分比例同意或非常同意底下這個說明：「如果我可以到孩子的班級去參觀，我覺得我隨時隨地都會受到歡迎。」
- 辨識老師擁有最佳教學實務的頻率有多高。
- 在您每一天許多極優先的工作項目當中，有多少百分比例會將這些優先項目當中的最優先項目和學生學習成就的改善有直接的關連呢？
- 依據老師們以協同的方式，發展出教師專業實務的評分指標（rubric），這裡面有多少百分比例的教職員工，可以證明他們的工作和學生在評量、課程和教學方面的卓越成就表現有關連呢？

- 在貴校有教師證照的老師群體當中，有多少百分比例的人數願意經常投入他們的時間和學生接觸？
- 在您的學校裡面，當您辨認出某些學生在學習成就方面需要特別輔導之後的三十天之內，就重新安排額外的輔導協助給這些學生的百分比例。
- 由領導者主動聯繫學生家長討論學生學習成就的百分比例。

（譯註：有一次和某個明星國小的家長，針對九年一貫課程進行長期的家長成長班時，一位家長跑來找譯者討論她的兒子因爲長期在國外求學，剛回國時，英文當然頂呱呱，但是學校老師卻要求那位剛從國外回來的小朋友和班上其他學生一起學習入門的英文。那位小朋友每一次上英文課非常無聊，就會在上課時搗蛋，讓老師反覆處罰他。小朋友告訴媽媽，他想要自殺，害得他媽媽手足無措。如果校長在第一時間能夠辨認出這個問題，不僅可以協助老師，還可以讓這位剛回國的小朋友利用英文課時間進行其他課程的輔導，是一種雙贏的局面，可惜最後的結果是將孩子轉學。）

課程 ➲

在過去幾年當中，我們全國投入非常多的人力和經費在進行課程的改革。許多學校系統曾經參與課程地圖（譯註：curriculum map，在國內這項課程地圖應該以台北縣瑞柑國小進行的最爲完整，有興趣的讀者可以上網查詢該校的網頁就有課程地圖的內容）的研習和推動，而且全美國各地的學校都嘗試著想要確認他們的課程和州政府所頒布的課程標準前後呼應。然而，除非各個學校願意評估和報告他們在課程方面所投入的努力，和每一間教室真實推動的情況，否則各個學校投入在這些文件的努力是無法讓我們將它和完備的績效體制進行連結的。底下的清單提供您在推動一套完備的績效體制時，如何評估和使用課程的例子。

- 有多少百分比的學生在閱讀方面，落後他們應該學習的年級一到兩年的進度，不過正在接受學校專門設計給他們的補救課程。
- 有多少百分比的課程讓學生有多元的方式可以呈現他們的學習成就。
- 期末成績不及格的學生當中，我們允許多少百分比例的學生可以重新繳交他們的學習狀況，以便讓更多學生有機會獲得成功的潛力。
- 學生參與進階課程的百分比例。
- 學生參與「進階前的進階（pre-advanced）」課程的百分比例。
- 領導者真實觀察教室的教學，與原先規劃的活動相符合的教學活動百分比例。
- 體育課程當中融入學科領域的寫作、閱讀、數學或自然科學方面的課程百分比例（譯註：這裡不是說美國的老師和我們國內早期針對主科進行補習的現象而言。相對的，目前討論的重點是統整課程的發展。他們希望透過統整課程讓學生更加瞭解體育不是單純爲體能優越的學生而設計的課程。不過國內多數老師對於統整課程與聯絡教學之間的差別沒有眞實的理解。讀者可以參考《與統整課程共舞》這本書的內容，會對統整課程有進一步的瞭解）。

- 音樂課程當中融入學科領域的寫作、閱讀、數學或社會科課程的百分比例。
- 美術課程當中融入學科領域的寫作、閱讀、數學、自然科、或社會科課程的百分比例。

家長和社區的參與

「那麼學生不在學校的那十八小時發生了哪些事情呢？」一位老師好奇的想要瞭解他每天和學生相處的時間，與學生不在學校的時間相比較，就會顯得非常渺小，他該如何發揮影響力去引導他的學生呢？他好奇的想要瞭解學生不在學校的時間是在親生父母親的關懷、照顧下的監護，或是學生需要自己謀求生路，或者甚至於根本是在暴力的洪流陰影下生活著呢？也難怪這位資深的教師認為那些經常自願參與學校各個委員會的學生家長，那些經常拜訪教室的家長，通常會幫他們的子女將書包打理得非常整齊乾淨，他們子女的家庭作業也都按時繳交，而且家庭聯絡簿也都經過他們父母親謹慎小心的檢查過。相對的，同一間教室裡的其他小孩早就已經被同事貼上「書包總是亂七八糟的」，或是「懶惰蟲」，或是「上課不專心聽講」等等，原來他們的家長通常只負責將子女送到校車停靠站就終結了，而這些學童回家所獲得的教誨也通常來自於電視節目。這位老師相當好奇的問著：「我到底是在給誰打分數呢？是我的學生，還是他們的家長呢？」（譯註：在二○○四年八月中旬，有位安親班的老師將十歲的男童打得屁股開花，主要是這位安親班老師是爲了這位男童的「未來」著想。男童的姊姊也在電視上指出，她的弟弟上課不專心，被處罰是應該的。這種只強調某一種單一模式的教學法，卻忽略許多學生的學習模式和我們熟悉的學習模式不相同，無法在我們熟悉的學習模式下進行有效的學習，就給那些不同類型的孩童貼上標籤的作法，只能夠說，教育還有努力的空間吧！）

學生的家長，或是對學生有重要意義的成年人如果能夠參與學校的運作，我們就能清楚看到這樣的動作對於學生的學習成就有相當深遠的影響。雖然每一位老師、每一位學校的領導者、每一位教育政策的制訂者、和每一位家長都深切的瞭解到；不過我們目前所依賴的績效評量制度幾乎還是會忽略家長參與的重要性。所以完備的績效考核制度提供一個比較理想的替代方案。底下的清單說明一些可以鼓勵學生家長和社區參與的有意義策略，讓學校可以用來評估他們的績效推動是否紮實。

- 提供學生家長多元的溝通管道，包含底下各個項目：

  ☆在校園內舉辦面對面的會議，

☆不在校園裡面，與學生家長進行個人私密的會議，

☆學生家長打電話進來，可以獲得學校相關人員的親自回電，

☆學生家長打電話進來，可以獲得語音回覆來電的服務，

☆由學校的老師主動打電話詢問學生家長，

☆由學校的行政人員主動打電話給學生家長，

☆由學校內一些和學生事務相關的人員主動打電話給學生家長，

☆網際網路為主的溝通方式，

☆由家長發送電子信件給學校，

☆由學校發送電子信件給家長，以及

☆其他各種可能的溝通管道：

—在告知學生家長他們的子女在學習成就上的結果時，還包含更多的資訊。

—針對那些可能不及格的學生，學校至少每一個星期和學生的家長溝通一次。

—針對那些以往成績不及格，不過現在卻進步非凡的學生，學校每個星期至少和他們的家長溝通一次。

- 老師能夠辨識出有哪些學生可能在及格邊緣的「關懷名單」，並且採用一個團隊的方式，包含學生家長在內，一起來監督和改善學生的學習表現。
- 對於學校支援學生學習的活動，家長有多元的管道可以參與投入（譯註：這是譯者長久以來推動的基本概念。國內

多數學校將學生家長視爲愛心家長，擔負的工作主要爲交通的導護工作；或是學校有貴賓來臨時的接待人員。這類型的親師溝通眞的將家長的能力貶低許多，建議學校認眞考慮多元的管道讓家長能夠更投入學校的經營團隊）。

- 超過 90%的學生都有關心他們學習的成年人會照顧他們，而且會定期的參與學校支援學生學習的各項活動。
- 學生的家長有機會使用課程標準和評分指引，來針對學生的各項作品進行評分的工作。
- 家長在評量學生各項作品時的表現和老師評量學生作品的能力幾乎一模一樣。
- 各項測驗的資訊都能適時送交給學生家長，並且確認家長都能夠清楚瞭解這些資訊。
- 社區接獲一套專業的完備績效報告，包含學生的學習成就指標，以及涵蓋教學、領導統御與課程等變項的「傑出學習的歷程」。
- 社區通訊包含每個月的成功故事，介紹學校某些特定的老師和學生的努力與結果。
- 社區通訊使用多元管道來推廣，包含底下各種管道：

☆專門針對老師、行政人員、學生、家長設計的發言人辦公室，

☆發行社區簡訊，

☆發行學生作品的出版品，

☆發行由老師和領導者出版的作品，

☆社區電視台和/或電台的廣播，以及

☆網際網路為主的通訊管道，包含了網頁和電子信箱的宣導。

- 有學齡前學童的社區成員被邀請參與學校的家長活動。
- 有子女接受在家教育或在私立學校就讀的社區成員也被邀請參與家長的相關活動。
- 政治領導者、企業菁英、以及社區的領導者都會定期受邀和學校的教職員工、領導者、學生、以及他們的家長進行雙向式的意見交換會議。
- 學生在學科方面的成功例子都能夠在學校最顯眼的地方展示，包含學生所獲得的獎盃展示中心，並在走廊上隨時供人參觀（譯註：這一點應該和國內許多學校的校長室擺滿了學生的獎盃是全然不同的作爲，學生的成就不是校長一個人可以享受的專利）。
- 學校對於學生在學科方面的成就進行表揚時，就像是社區表揚他們傑出的運動員獲得成就時一樣的肯定（譯註：國內在這方面幾乎顛倒過來。我們鮮少看到有哪個社區會表揚他們傑出的運動員，所以運動員的運動生命才會顯得相當短暫）。

基礎架構或是微觀的管理？

績效指標的清單可能會讓人氣餒，讓老師以為政府官員隨時隨地都在密切注意他們的一舉一動，讓他們堅決抗拒任何想要評估他們的各種嘗試。然而處在現在的績效制度氛圍下，我們絕對無法兼顧魚與熊掌。如果不是將績效考核簡化為學生接受測驗的成績報表，就是要掌握機會來告訴社會大眾，在教育績效背後所隱藏的真實故事，讓他們瞭解教學與學習的世界所包含的細節和複雜程度。

這裡有一個評量的重要原則：與其在一次的評量工作完成許多項目，倒不如持續而且規律的精確評估少數幾件真正值得評估的項目。許多學校的改善計畫、策略性規劃、與績效考核的制度都是一年舉辦一次的盛會，所以任何報告和分析也都是在年底的時候才進行的。在這樣的系統下，我們反覆的犯錯，持續執行傳統上由州政府強制要求的考試測驗。接著，社會大眾就會看到一個陰沈的考試測驗的結果報告——通常是在許多個月之後才公佈的資料——在那份報告裡面說明了每一間學校是如何達到州政府的要求、或是沒有達到及格的分數等等。每當老師們接獲這些訊息時，那群接受測驗的學生早就往上升了一個年級，而一套嶄新的挑戰也讓每一位老師想要進行審慎的反思工作呈現中止的現象。

當我們面對績效的這種矛盾爭議時，主流派主張測驗的成績就是非常紮實的資料，而教學的實務工作則是相當軟的資料，所以根據許多人的推測，教學實務工作就不太值得我們深入探究了。這樣的二分法是相當沒有生產性的想法，也是離譜錯誤的觀點。測驗的成績創造了一個精確的假象，不過老師和學校領導者的最佳實務工作，就是要去思考一些證據的優勢，來證明教學實務確實值得探究，而不是只依賴一個單純的測驗成績來判斷。雖然優越的教學確實是一門藝術，不過它也可以讓我們清楚的描述、評估，而且最好的一點，就是我們希望能夠複製這些優異的教學法。我們的工作是一個協同合作的專業，而我們的工作就是學生學習的「因」，我們沒有理由將我們的工作化作灰燼，或是認為這樣的實務工作為無法評估或接受任何績效考核的。我們最珍視的項目就是我們最願意擔負起責任的項目，所以老師和學校的領導者應該擁抱，而不是抗拒這種進步觀點的績效制度。

完備的績效體制並沒有提供我們一套在教室裡面進行微觀管理的機制。相對的，它提供我們一個基礎架構，讓教育的專業伙伴可以做一些不同的選擇。根據一群學生的某些特殊需求，某位老師可能選擇擁抱一個創新解決問題的教學策略。另外一群學生可能因為老師在批改作業，提供回饋意見的頻率和專業而大幅度改善學習的狀況。另外一群學生可能因為學校以系統性的運用模式，聘僱全然不同的師資擔任他們的音樂、體育、與藝術方面的課程，而讓這些學生可以將他們的學習成果以全然不同的面貌呈現給社會大眾觀賞（譯註：作者在這裡提到學校可能聘僱全然不同的師資引導學生在音樂、體育和美勞等藝能科課程，主要的訴求應該是聘用沒有教師證照，卻在這些領域非常著名的專家擔任老師的工作）。每當老師和行政人員選擇這些變項的時候，他們就是在表達一個教學研究上的假說：如果我們投入比較多的精力在這項特定的教學策略時，應該可以看到學生學習成就上會有大幅度的改善。

系統化運用完備的績效體制，可以在兩個重要的方面協助老師和學校的領導者。首先，它提供了一個研究上可以稱得上是金礦的可能性，讓我們可以有機會去測試這樣的一個研究假說。例如，如果我們提供適時與精確的回饋，那麼當我們同樣在許多不同年級的學生和不同教學風格的老師也同步推動這項工作時，是否可以證實回饋的提供和改善學生的學習狀況是有關連的呢？其次，它提供給老師一些機會，讓老師們可以廣泛而且具有說服力去說明他們專業的故事，即使當他們所教導的學生當中有些學生不能夠讓我們證實這樣的假設是可以成立的。這樣的老師當中，可能有人因為他們的學生經常在不同的學校轉來轉去、以及缺課率太高等因素，所以在測驗時沒有讓我們看到他們有優異的學習改善結果。不過我們卻可以在一些關鍵的領域看得到這些老師長足的進步，例如在教學、課程、與領導方面都有越來越優異的表現。這樣的老師還有一種可能性，就是那些會說著：「我們不太知道學生在接受測驗時的成績是否改善了，因為有些學生在一年內換了兩所學校。不過，我們可以肯定的說，那些留在這所學校的學生在寫作上面寫得比較頻繁了，他們的寫作也獲得比較多的回饋意見，他們也讓我們看到他們不斷的在進行反思、分析、與技能的改良等等，同時他們也讓家長參與他們的學習，而這樣的表現遠遠超越他們前一年所表現出來的學習成就。」採用這種模式來進行完備的績效提供老師有意義的資訊；同樣重要的，是這種方式也掌握了創新的機會，讓老師和行政人員可以跳脫媒體公佈學校辦學績效那種膚淺的測驗成績的作法。

我們可以保證報章雜誌會公佈老師努力的歷程嗎？我們可以確保那些在電台主持談話性節目的人會稍微停頓一下，認真考慮我們這裡所倡導，遠比測驗成績還要複雜許多的績效體制嗎？當然不能！不過，我們絕對可以保證的一件事情，就是如果老師和學校的領導者不肯積極主動分享他們的故事和他們的資料，那麼一個比較細微精緻，也比較完善的教育績效制度就不可能產生了！如果我們沒有要推動完備的績效制度，絕對沒有任何人會為我們進行這樣的績效制度。

最後，即使當媒體公佈老師和學校領導者所做的非凡工作，但課程上的改善仍然無法讓外人看得一清二楚，這些不斷推動我們向前進步的因素仍然是我們應該要做的工作。即使這套完備的績效制度的唯一觀眾只剩下擁抱這個技術的老師和學校的領導者時，它仍然值得每一位在教育體制內的專業伙伴的投入，也為了我們所服務的孩童，我們需要不斷投入這項工作的進行。

Chapter 3

有責任感的老師

本章重點

- 華德・惠特曼小學
- 湯普生國中的個案
- 理查生高級中學
- 個案研究的註解

這一章所描述的三所學校對許多讀者而言，應該是相當熟悉的場景。他們都有一些堅持理念而且認真教學的老師和行政人員，有時候他們會感受到工作所帶來的壓力而感到困惑，甚至憤怒。這些教育伙伴在他們每一天有限的時間內必須面對許多相互競爭的要求，包含學生方面、家長方面、以及同儕方面的要求，那些人在提出他們的要求當下，通常會遮蔽我們原先規劃的長遠策略。陳舊的餅乾與濃烈的咖啡都是他們標準的食物，當然除了這些食物之外，他們還伴隨著同儕的感情，以及彼此競爭的支持，和孤立無援、滿足和挫折等等感受。簡單的說，這就是真實的學校情況。不過這幾所學校當中的任何一所都和一般人熟悉的學校有非常不一樣的表現：他們都想辦法將教育績效體制從一個具有破壞性，向下沈淪的力量，轉型為一個具有建設性的績效體制，目的就是希望能夠改善學生的學習成就，以及老師們的教學專業滿足感。雖然我們在這裡使用匿名來說明三所學校的轉型，不過他們學校裡的人物與他們的故事，卻是千真萬確的真實。

華德‧惠特曼小學*

第一眼看到惠特曼小學的老師休息室，看起來就有點溫馨的熟悉感。在一面牆壁旁，是一張大沙發，沙發上面有磨損的襯墊。

* 除非特別說明，否則這裡所提到的學校和個別老師都是以真實個案，但匿名的方式呈現的。所以這裡的名稱和地點都是虛構的。

房間裡還有一些多年來從許多地方找來、或是別人捐獻的不搭調家具。「教師專用咖啡」有一股特殊的味道，在好幾個小時之前就已經開始煮咖啡了，目前這一壺咖啡已經煮得快要爛掉了，已經接近楓葉糖漿的濃稠程度，這樣的「香味」就在教師休息室裡面蔓延開來。冰箱上貼著幾張諷刺學校生活的卡通漫畫。不過我們發現在惠特曼小學的教師休息室有一項非常不一樣的特色（譯註：對於國內的老師而言，這種教師休息室簡直就是垃圾場，不過對於美國境內絕大多數的國小和國中而言，他們的教師休息室就是這個樣子。破舊的沙發椅，咖啡壺大致上是每一所學校的教師休息室都有的設備。國內的教師休息室已經遠比美國多數學校的教師休息室更理想）。一大面布告欄，有八尺寬，四尺高的高度，上面張貼了許多表格、圖表和圖解等等。在布告欄上面十二吋高的地方刻印著「惠特曼資料牆」等字樣。仔細的檢視發現這面資料牆包含了許多資料，有去年學生接受測驗的成績單；同時還有更多、更豐富的資料，絕大多數的資料都是由惠特曼的老師所蒐集和分析的資料。這面牆壁是在教師休息室裡面進行一些正規的教職員工會議，以及許許多多非正規討論時的焦點。這裡的老師證實就是這些非正規的討論，在協助他們改善教學專業實務方面最有幫助了。讓我們更貼近一點來看看這面惠特曼的資料牆，並且聆聽在這面牆壁前面進行的一些對話吧！

貼近一點檢視資料牆

在一個學校裡面看到圖表和曲線圖形並非有何異常。雖然多數展示的資料都侷限在校長室內的一本記事本裡面，唯有當縣市教育局主管來學校訪視的時候，才會突然間冒出來給來賓看一下而已。不過，惠特曼小學的資料牆絕對不僅僅是來賓參訪時的一片展示品而已。在布告欄的每一個區塊都使用了儉樸的文字標題說明惠特曼小學所推動的主題：「安全且彼此尊重的學習環境」、「學生的學習成就」、「卓越的教學」、以及「領導的範例」等等；在布告欄的左邊張貼著「結果——我們想要達到的目標」，與「原因——我們如何達到這樣的目標」。布告欄的其他地方包含了相對應於每一類主題的圖表和曲線圖。有些圖表是由電腦列印出來的，另外一些則是徒手繪製而成的。有些手工繪製的圖表看起來應該是學生的作品。

發現的語言

資料的展示可能是一個相當敏感的議題。畢竟，在這個會將任何一組數目字自動轉化為評量、區分等級、分類、與羞辱他人的社會上，資料的展示其實是在誘拐他人進行比較。而比較的結果當然就會分出優勝者和失敗者了。不過顯然圍繞在惠特曼小學的談話是集中在發現，而不是恐懼上面。

「瑪麗・安！」說話的人是恩尼斯坦・岡瑞拉曼，一位教學已經超過三十二年的資深老師。他正在呼喊著瑪麗・安・史奈德，她是一位擁有三年教學經驗的老師，不過也是岡瑞拉曼老師曾經教導過的學生。這是一件他們兩人都不會忘記的事情。

「是的，岡瑞拉曼老師，有什麼事嗎？」

「那張圖表上面清楚指出你的每一位學生在幾何圖形的認識方面都相當精熟了。你班上那幾位特殊需求的學生也都精熟於幾何圖形的辨識了！告訴我，你在班上是如何教導學生認識幾何圖形呢？」

每個人都瞭解岡瑞拉曼老師在講話的時候是不修邊幅的，特別是當她非常想要知道某些事情的時候。不過令人意外的倒是像她這樣一位教學經驗豐富的老師，會詢問一個才教三年書的老師該如何改善學生學習成就的教學技巧。而這樣的對話如果沒有這面資料牆的話，根本就完全不可能開啟類似的對話。

「其實我根本什麼都沒有做，」史奈德老師這麼回答著：「您還記得前年我們班上接受州政府的測驗時全班表現都非常爛，我根本不知道該如何因應才好，也有一點點不好意思。我的意思是說，要學生記住梯形和橢圓形是不一樣的圖形，到底有什麼困難的呢？不過事實就是事實，當年我的班上有許多學生就是沒有搞清楚他們應該學會的數學基本常識，而我卻不願意浪費數學課的時間在簡單的幾何圖形認識上。」

岡瑞拉曼老師繼續問道：「所以呢？妳到底作了什麼事情呢？」

「我從美勞老師，奧蘭多・格瑞高那裡得到我想獲得的協助。」史奈德老師解釋著說道：「我們共同創造了一個藝術單元，那個單元包含了我的學生必須要學會的每一個幾何圖形——三角形、長方形、正方形、柱體、圓形、橢圓形、以及球體。喔！對了，還有梯形、菱形與平行四邊形等等。我想這應該就是我們所要教導的每一個幾何圖形了吧！他剛開始使用方格紙協助學生瞭解圖形當中，線段在一條線上的意義，與圖形上方格單位的意義之間的連結性。我的學生都非常具有創意，也都設計了許多非常棒的圖形出來，不過格瑞高老師要求每一位學生必須告訴他在他們設計的幾何圖形上所使用的各種建築方塊的數學專業術語才得以過關。同時，學生也必須告訴他沿著圖形的每一邊是如何測量出來的——包含了長、寬、周長和邊長等——以及這些數量和圖形的面積與體積之間的關連性。所以你應該很清楚，這裡應該獲得肯定的是奧蘭多，絕對不是我。我們不知道這樣的策略是否能夠成功，所以去年只是一項試驗性的計畫而已；不過我想他正準備請求您和其他的老師讓他針對全校學生都進行這樣的教學計畫呢！」

討論的問題：華德・惠特曼小學的個案研究

1. 你會如何描述這個個案研究當中幾位專業伙伴所採取的行動呢？請您以詳實的描述說明岡瑞拉曼、史奈德、以及格瑞高老師等人所展現出來的個人特質與專業特質。

2. 如果要開啟這類型的對話，並且持續在校園進行這樣的對話，需要哪些資訊呢？這些教育伙伴擁有哪些特定的訊息才可以開始運作這樣的對話呢？
3. 學校和教育主管的行政人員在這段對話和創新構想當中扮演哪一種角色呢？他們在未來將扮演哪一種角色呢？
4. 學校和學區的績效考核計畫要如何架構，才能夠以系統化的方式來分享這種具有創新的協同計畫呢？

評論：華德・惠特曼小學的個案研究

華德・惠特曼小學的老師並沒有忽略學生接受測驗的成績表現。他們知道基本上，測驗是教育和政治版圖的一部分。不過他們並沒有因此而對測驗的成績著了迷！如果他們僅將討論的焦點集中在學生受測的成績表現，老師們可能會因為忙著查詢學生的分數，而忘了討論這些數目字背後的故事。或許在整個個案當中最關鍵的對話片段，就是岡瑞拉曼老師詢問著：「到底你在那裡作了些什麼事情？快點告訴我！」這群老師在資料牆上面找尋資料的目的，是要去找尋發現的心靈。他們知道他們的同事——不管是初任教師、或資深老師——都具有有效的教學實務工作，還沒有受到其他老師的肯定。而這些教學實務工作對於學生的學習都有深遠的影響，如果不是透過以學生為中心的績效考核制度，根本就無法呈現在一般的績效考核結果上。他們共同的任務是從資料當中，以一種嶄新的方式來提問新的問題。

學校的行政人員並沒有規劃要在校園裡將數學和美勞科的教學以一個偉大的計畫呈現出來，或者教育當局強制要求老師應該花多少時間在教導學生認識梯形和橢圓形等幾何圖形的辨認。實際上，學區內的其他學校將會發現這類型的強制要求是非常可笑的笑話，因為他們得到的資料，建議他們將教學的焦點集中在英文的字彙、和數學科的問題與解決策略的教學。創造一個可以隨時發現的架構，而不是單純透過強制要求，惠特曼小學的行政人員給老師們賦權增能（empowerment），以一種建設性的方式來推動績效考核的策略。如果您認為這所學校的行政主管是被動的，那就錯了。行政人員提供這樣一面資料牆，帶動了老師之間的討論、激發老師想要探究的慾望、以及針對教育上非常敏感的議題（老師之間相互比較），讓學校的老師渴望追求一級棒的教學實務工作，都是行政人員提供這面牆的貢獻呢！

湯普生國中的個案

任何一位訪客走進湯普生國中都會注意到的第一件事情，應該就是放著獎盃的櫃子。訪客會注意到這些獎盃的櫃子，不是因為它是運動員和學科成績表現優秀的原因，而是因為這些獎盃都非常整齊的排列著，並且依據學生的小論文獎盃、實驗報告撰寫優等的獎盃、地理科報告獲得優等的獎盃、音樂作曲得到的獎盃、以及許多藝術作品所得到的獎盃佔滿了獎盃櫃子的大半部。每一個走過這些展示品陳列處的人——不管是一位剛進來的六年級新生（譯註：美國多數學區的學制是採用國小五年級，國中三年級，高中四年級的制度，所以六年級等於他們的國中一年級），或是一位參與委員會的學生祖父母、或者是一位應邀前來演講的人——都會在幾秒鐘之內就瞭解到這所學校非常重視學生在學科方面的成就，並且還以此為傲。在陳列獎盃的櫃子旁邊則有燙金字體寫著「名人牆」，這樣的表現佔滿了第一個走廊兩邊的牆壁。每當這所學校優秀學生的作品從獎盃櫃子「退休」的時候，學校會拿走學生的姓名，但是會將學生優秀的作品移到這面名人牆，在那面牆上面，他們將會永遠的流傳千古。

康泥・史金納校長說道：「我們並沒有打算用很長的時間才用完這整面牆壁。」當我問她為何在名人牆上面只有學生的作品，卻沒有學生的姓名時，史金納校長這麼回覆著：「在獎盃的櫃子當中，我們獎勵個別學生和團隊學生的學習成就。不過在這面名人牆，我們希望讓這所學校的學生能清楚瞭解到，我們期望這社區附近的孩童，以及這所學校的學生都有機會展現他們最亮麗的一面。不僅只是某些孩子——我們強調的是每一位孩子都應該有機會展現他們自己最亮麗的一面。這面名人牆讓我們的學生瞭解到偉大的作品可以達到怎樣的一個水準。我們將會長久的保留這面牆壁，主要的目的是希望學生能夠從他們進入學校的第一天就清楚瞭解學校對於他們的期望有多高。」

這所學校以往並沒有採用這種策略來影響學生的學習成就。

在過去十年當中，在湯普生國中享用免費午餐、或者減價享受午餐的學生人數百分比例也都在穩定的成長當中，從一九九〇年的55%，到今日已經超過 70%的人數。「那或許還是一個比較保守的估計值！」史金納校長接著說道：「有些孩童不想使用免費的午餐券，還有許多家長無法幫助我們做一些書面資料的整理。在以往的日子裡，我們對於學校和學生的期望非常的低。我們在少數幾項運動方面相當傑出，不過每當有人建議我們可以改善整個學校的學生在學科的學習成就時，我們就會聳聳肩膀，好奇的想要知道我們可以從這群走入我們學校，卻根本沒有做好任何準備的學生身上，進行哪種改革呢？我們做的不是已經夠多了嗎？還有哪些事情是我們可以做的呢？」

當然，每一間學校，即使是在極度貧困的學校裡，總是會有少數幾位學生可以成為學科方面的超級明星。他們就是這所學校可以將他們的作品呈列在獎盃櫃子和名人牆的那些學生，我是這麼想著。少數幾位學生打破了學校不爭氣的傳統還是無法確保學校可以成為一所高水準的學校。當我們走過轉角處之後，來到了學生經常聚會、表演、集合的「大平台」（譯註：commons，通常翻譯爲大學生的公共食堂、或是一些小鎮公園旁的一塊空地。不過這裡應該是說校園內的穿堂之類的地點，但是更大一點，所以採用大平台來呈現）。從大平台往外，展開了五條通道，每一條走道都有它自己的名人牆。每一件學生作品都是一級棒的作品，可以和城市裡面那些菁英學生就讀的公立和私立學校的學生作品相比擬。這些牆壁包含了一些精心製作的自然科實驗報告；統整歷史、地理和文化的精緻社會科報告；許多文藝類型的小論文，包含了創意寫作、詩詞、研究報告、以及更多其他種類的寫作等等。這不是少數幾位學生的作品而已！史金納校長看到我驚訝的表情時，說道：「到目前為止，我們還沒有將學校裡面 100%的學生作品都張貼在上面呢！不過那可是我的目標。每一位剛剛走進學校的六年級學生，都應該可以在一個以上的領域發揮他們最亮麗的那一面出來，我們確信他們在那一方面絕對可以表現出真實的傑出作品。在這裡你所看到的某些作品很可能已經經過七或八次的草稿修正才展現在這裡的。這是一種讓人非常難以忍受的過程。不過我們確實的知道如果我們將一些不夠格調的作品擺放在名人牆上面，它就會將我們正在嘗試的許多事情給毀了。所以有些時候，這樣的作品讓某些學童花費比別人更多的時間去完成，或者使用比較多次的嘗試，才得以完整的呈現作品。不過我必須等到每一位學生和每一位教師都有他們的作品陳列在這些名人牆時，才會想要停下來。到目前為止，我們的學生人數當中只有 64%的學生作品稱得上傑出而已——我們還需要更加努力，讓其餘的每一位學生也都有機會將作品展現在這些牆壁上面。」

那麼老師又怎樣看待這樣的期望和名人牆呢？我好奇的走入一個上面書寫著「老師專用」的門，認為這應該就是專門讓老師喝咖啡的房間吧！走入那間房間又再一次讓我感到驚訝。那裡根本就是一團亂！不過一團亂並不是讓我驚訝的部分。相對的，讓我驚訝的是那團亂七八糟的東西內容吧！整面牆壁上面的每一平方英吋都擠滿一系列的布告欄，上面有許多不同的姓名：「坎培

爾」後面接著「安德生」，再接著「固德伯格」。我提醒我自己，這是國中亂七八糟的原因，所以我不應該期望他們必須懂得以英文字母來排列順序。更糟糕的是，這些布告欄根本不是整整齊齊的陳列著，而是東一堆紙張，西一堆廢紙的堆放著——有些是電腦印表機列印出來的報表，有些是親手繪製的報表，還有一些圖表等等。每一個布告欄上面都雜亂的張貼著一些「利可貼」。露絲・固德伯格才剛剛在這一團雜亂當中再增添一個項目，然後轉身看著我說道：「我正好奇的想要瞭解那項事情呢！」

我問她：「妳好奇什麼事情呢？」

「為何史蒂芬妮・安德生想要討論科學方法呢？」她這麼說著，然後就沒有進一步的說明了。「那一張立可貼是我剛剛貼上去的」。我好奇的看看布告欄上面寫著「安德生」的那一欄位，在那底下一堆亂七八糟的立可貼當中，找到固德伯格老師用紫色粗體，大寫字母寫著，「你幹嘛沒事想要討論科學方法呢？」我也注意到其他每一張貼紙上面所寫的都是問題，只有問題、沒有答案的提出各式各樣的問題。在每一個布告欄上面，湯普生國中的每一位老師都張貼他們成功的故事，還用一些真實的數據來支持這樣的成功範例真的發生了；其他的每一位老師則在上面張貼他們想要詢問的問題，以便獲得釐清的機會，或者是想要瞭解他們成功所使用的方法，或是成功的過程所使用的課程，乃至於針對某些特定的學生提出問題尋求協助等等。另外一張利可貼則寫著：「那些融合在教室裡面的特殊需求的學生表現如何呢？」還有一張利可貼寫著：「當妳使用額外的時間來運作科學方法的時候，妳必須捨棄哪些項目的教學重點呢？」

當固德伯格老師離開這間教師專用的房間以後，史金納校長走了進來，告訴我說：「這就是我們的議程！」

「什麼樣的議程呢？」

「這些利可貼上面的問題——由教師同儕針對彼此最棒的專業教學實務工作提出的問題——這樣的提問形成了我們在這間學校所進行每一件事情的議程——包含了我們的教職員工會議、學年會議、團隊會議、專業成長的會議等等。若非我們專業團隊想要詢問的問題，那麼我們為何要浪費時間在上面呢？」

我問她一個尖銳的問題，那就是她怎麼有可能可以知道每一個問題的答案呢？就像是看到一位七年級的學生剛提出一個最無厘頭的問題一樣，史金納校長耐心的解釋著：「我不可能知道每一個問題的答案！我好早以前就已經不進行教職員工的會議，以及教師專業發展的研習了。除此之外，我怎麼可能教導固德伯格老師怎樣去教導她最擅長的化學呢？我任教的科目是英文科，她教導的是化學——我根本就不可能熟悉國中教育所涵蓋的每一個學科領域啊！所以我根本就不想要去嘗試讓我的每個學科都很強。不過我們倒是共同經營，創造了這個活生生的議題，對於這裡所涵蓋的每一個問題，我們深信都有內部的專家可以幫助我們解決問題的。我們可能在會議的過程當中，以一半的時間針對一個困擾我們每一個人的問題，進行討論和研商——例如教室經營或是老師可以如何和學生的家長溝通等等問題。然後我們在剩下的一半會議時間，針對不同的問題分組進行討論。例如自然科老師詢問一位同事最近一年學生在自然科學測驗所獲得的成長，或是音樂老師給數學老師提供構想，改善學生在數學分數方面的學習（譯註：音樂符號經常需要讓學生練習拍子的長短，所以音樂老師提出這樣的構想）。如果我們在討論當中停滯不前，我們就會共同討論如何從外界眾多的資源當中，找尋適當的人選來協助我們。幾乎在每一次會議中，我們的教職員工都會提供一個不賴的反應，而我需要扛起來的責任，就是掌握問題和答案，這樣我們每年都可以出版我們學校專有的書籍，來協助新來的老師認識我們這許多有效的專業教學能力。」

一群國中老師可能出版什麼樣的書籍呢？史金納校長遞給我一本去年他們學校出版的書籍。書本上面以粗黑的字體寫著：*湯普生國民中學最佳教學與學習的實務，第三冊*。在封面也有一些小字體的方式呈現作者——學校裡面至少提供一個問題或解答的老師都是這本書的作者。史金納校長說著：「我們使用這本書當作每一年年底時給每一位教職員工的最佳賀禮，也把它當作我們歡迎任何一位新團隊成員的禮物。我們知道在這間學校哪些教學方式行得通，我們就將這些方式記錄在這本書上面。每當有些人從學校以外的地方來質疑這本書裡面所寫的一些方法時，我們也送給他們一本書當作溫柔的提醒，讓他們知道這是一個將績效考核視為一個採用系統化辨識出最佳教學實務工作，並且希望能夠複製這些最佳教學實務的學校。」

「不過你們怎麼處理學生接受測驗的成績表現呢？」我還是好奇的問著。

「那些分數當然還是很重要，」史金納校長這樣回覆我的問題：「不要懷疑它的功用。不過如果我們並沒有討論我們學校教職員工的專業教學工作，那麼我們並不認為那些分數可以協助我們瞭解這間學校裡所發生的學習歷程和原因。實際上，我們的學生接受測驗的成績在過去四年當中，已持續的在改善。我們學校的學生讓我們非常驕傲的一點就是其受測的成績已經超越一些學校的表現，那些學校接受免費午餐與減價午餐的學生人數可能只有我們學校的一半，不過我們學校的成績卻表現得比他們亮麗多了。不過那樣的成就可能只是一個虛幻的勝利，除非我們真實的理解一些可以複製那些最佳教學實務工作的方法，並且持續推動這些教學方法。」

「那麼貴校的老師如何感受這樣的體制呢？我是說，當您要求他們將他們學生受測的成績公佈出來，並且深入討論每一個老師個別的專業教學實務工作，很可能會讓老師隨時隨地被學生家長批評呢？」

在史金納校長有機會回答這個問題之前，固德伯格老師回到教師休息室來。她一邊走進教師休息室，一邊回答我剛提出來的問題：「我們恨死它了！至少我們曾經這麼認為，我們一定會恨死這樣的模式。你知道的，我們學校早就被報章媒體、教育委員會、還有社會大眾痛批得不成人形——在那時候，我們學校學生受測的成績表現就在那裡丟人現眼的。不過至少現在——在這一間房間內——我們強調的是我們的優點，我們提問問題，然後我們可以獲得滿意的答覆。那就像是住在一間實驗室裡面，不是一個讓我們隨時隨地都舒舒服服的房間，不過它真的幫助我們克服了早期那種每一年都需要看到學生爛成績的表現，讓我們感到非常的憤怒，或者想要找出一些藉口來遮掩他人的批評。不過不要搞混了，我並不是說我喜歡它——當時我還告訴校長這是完全不可行的策略。不過我倒是學了一些教訓，在我過去二十年的教學之後，我總算能夠和我的同事分享一些事情。那種感覺真好！校長肯聆聽我的想法。在你的四周多看看吧——在這一所學校裡面有許多聰明的老師，每當牆壁上的那些利可貼被人拿下來的時候，我們就會變得更加聰明的！」

討論的問題：湯普生國民中學的個案

1. 好好的回想一下，當你從一位同事身上學到某些事情時，以及你的同事從你這邊學到一些事情的時刻。請說明一下那種關係，以及在成年人當中創造一個學習的環境時有哪樣的事情會發生呢？也請說明在湯普生國民中學所發生的成人學習環境有哪樣的動態值得學習呢？他們學校所發生的成人學習環境和你們學校所發生的成人學習環境有哪些是相同的，哪些是不一樣的呢？
2. 這個個案研究當中，哪一樣最令您感到驚訝呢？在湯普生國民中學的老師和領導者所使用的構想當中，有沒有哪些是您以往從來都沒有想過的呢？如果他們所採用的構想對您來說都相當熟悉，那麼您是否曾經看過這麼大規模的構想同時出現的場合呢？

3. 請問在湯普生國民中學採用的改善措施當中，哪一項耗資最多呢？那些經費的支出對您在學校裡面複製他們的方法是否會成為一項阻礙貴校發展的因素呢？
4. 請問在湯普生國民中學所採用的構想當中，有哪些情緒和心理方面的成分呢？請說明要讓湯普生國民中學的體制繼續保持功效的話，需要哪些情緒和心理方面的動態才可以維持下去呢？

評論：湯普生國民中學的個案

湯普生國民中學為學習型組織作了最佳的示範工作。在那裡工作是一個安全無虞的地方，可以自由的提問題，更是一個在提出問題之後，可以自由找尋答案的場所。我們也瞭解到，這間學校絕非是一個完美無缺的場所，學校裡面有 1/3 的學生需要老師強力介入他們的學科學習，還有越來越多的學生是來自於那些經濟上比較弱勢的家庭。對老師而言，比較簡單的作為就是退回他們的教室，盡力而為的進行教學工作，並且深深的瞭解到他們的每一位學生在學校以外的十八個小時的活動，對於學生在學業成就方面的影響，遠遠超過學生在湯普生國中校園內停留六個小時的影響力。不過真的非常感謝老師創作，以及老師領導的這項績效制度，他們必須去克服一些每一天會影響學生學習成就的某些

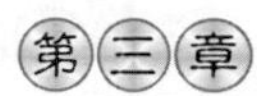

強而有力的外力。

我們都知道，國民中學是讓許多老師和學生都覺得疲憊不堪的地方。就讀國民中學的那些學生的心情每一天都陰晴不定，讓人無法掌握；而且他們的外型也已經相當龐大，可能會讓許多人望之生畏。國民中學也可能是一個非常無趣的場所，我們經常看到許多渴望學習的五年級學童經過兩年的教育之後，變得非常的沈默寡言、極度缺乏自信的七年級學生（譯註：國內的國民中學似乎也有類似的現象。國中通常是許多大專學生認爲他們求學當中最無趣，天天要背誦課本的一個教育層級。一位國中老師就曾經說，同樣是學生，爲何剛進入國中的學生每一天都生氣盎然，到了國中三年級要畢業之前就會變成垂垂老矣的老頭子呢？）。國民中學，就像是完全中學一樣，也可能是一個讓人無法理解的複雜場所。在一所國中裡面，有一位校長，每一天都被許多例行性的行政管理和訓導方面的責任所圍困，讓他們幾乎沒有多餘的時間可以成為學校裡面的教學領導者。

既然如此，那麼到底是什麼力量讓湯普生國民中學表現的那麼亮麗呢？是他們的教職員工具有非凡的開明態度和聰明的智慧嗎？固德伯格老師在這所學校已經服務超過二十年，她清楚的瞭解到以往學校那種優柔寡斷的作為，和目前這種有效率的作為之間的差異，主要是因為該校的教職員工集中他們的教學優勢，願意在同儕之間彼此提問問題，願意為他們自己的教學專業成長擔負起責任，也願意為他們學生的學習成就扛起重責大任。那麼，我們要問的是，湯普生國民中學是否具有特別優渥的資源呢？他們主要的投資看起來應該就是這些硬紙板、膠帶、亮片和一些立可貼的貼紙吧——這樣的經費投資和許多國民中學進行改革措施時所投入的經費相比較，可能只是當中的一小部分而已！那些進行國民中學教育改革的作為是在好幾年前啟動的，不過早就被社會大眾所遺忘了。那麼，是不是他們的校長非常的特別呢？如果說是校長非常特別，我們認為頂多只能夠說她瞭解到她不可能是每一個科目的專家，以及她瞭解到聯邦法規並沒有規定他們學校進行教職員工會議時，必須由一位具有行政證照的人來帶領的這項規定。實際上，湯普生國民中學最讓人興奮的部分，應該就是他們所處的狀況是那麼的平凡，不過他們所得到的結果卻是那樣的非凡。他們學校的老師唯一一件讓人覺得非凡的，就是他們每一天都以身作則的示範了探究和學習的歷程，而這樣的作為就應該是每一位專業的教育伙伴都應該做得到的。

理查生高級中學

「這所學校原先是針對一千五百位學生的容量所設計的學習場所，」麗達・阿金斯，那位永遠充滿朝氣的人，也是這間逐漸擴展的校園校長，這樣說著：「不過在十五年前並沒有任何人這樣告訴當年的學生家長，所以我們目前擁有的學生人數已經超過兩千七百多人，每一位學生都有熱情的賀爾蒙讓他們每一天的生活都熱情澎湃，我們的教職員工也因為需要對付這群活力四射的學生而顯得快要崩潰，乃至於想要在這所學校高舉著起義的旗幟了。你知道的，學生必須接受大考壓力的最高層級就是在高中畢業時產生的，我們對九年級和十年級的學生進行整整兩年的學科課程。學生在十年級的時候，必須接受州政府所頒訂的高中畢業考試，在那項考試當中，學生必須精熟他們在國小和國中所學過的課程內容。沙克特先生，請你把帽子拿下來。」阿金斯校長以一種溫柔但堅強的語調，轉身要求一位六呎四吋高，長髮披肩的十一年級學生，一個臉上還到處都穿洞的男生。「喔！對了，高中的畢業考試。我差點就忘了。每個人都告訴我，任何一位學生都可以不限次數的接受高中畢業考試的次數，不過如果以務實一點的角度來看待學生接受高中畢業考的情況來分析，我們發現即使是最有耐心的學生，頂多考到第五次就沒有耐心了——我是說，通常他們會在十年級結束的那一年接受第一次考試，然後在十一年級的時候，分別接受兩次畢業考試，最後在十二年級的時候，再分別接受兩次的畢業考試。不過，我們很清楚的瞭解到，多數學生絕對不是那麼堅忍不拔的想要和高中畢業考試進行這麼長期的抗戰。如果他們在十年級的年底時，我們還無法協助他們做好接受高中畢業考試的各種準備階段，那麼我們看到的真實現況就是他們非常可能會想要中輟。我每一天晚上經常因為擔心學生中輟而睡不著覺——我們不能夠再讓這群孩子當中的任何一位中輟了。」拐過轉角的地方，我們走入她那間乾淨整齊的辦公室之前，阿金斯校長將一對正在火熱上演戀情、彼此在走廊上以雙手觸探對方的學生隔了開來。

說是她的「辦公室」，其實只是教職員工辦公室的一個角落，有一張不怎麼大的辦公桌、一隻電話，而在辦公桌旁邊的每一面牆壁到處都是布告欄和圖表。她解釋著說：「那樣方便多了，和甜甜圈比較接近，隨時可以去拿一個甜甜圈來享受人生。」她喜歡享受巧克力口味的甜甜圈和黑咖啡的飲食習慣似乎在她那纖瘦的外型上看不出任何痕跡來。在她還沒有坐下來之前，她指著旁邊一張椅子要我坐下來。「很抱歉，我從來不坐在我的辦公桌。不管怎麼樣，我總是要隨時隨地站起來，到一些地方去巡視一下。」她的電話線有六呎長，可以讓她一邊接聽電話，一邊在這間房間隨處走動。看她接聽電話的樣子真的讓人有栩栩如生的感覺，就像是她就在你的前面講話一樣的生動。「喔，對了！原先的校長室目前已經改裝為會議室，隨時提供教職員工當中的任何人想要和學生、或家長、或是教職員工彼此進行私密性的會議時使用。當我真的需要隱密的時候，我也會使用那間原先的校長室。不過90%的機率是我會討論的內容都是在我們學校教職員工聽得到的範圍內進行的，所以我幾乎沒有真的需要隱密性高的會議時間。除此之外，我想我其實相當喜歡有我的教職員工參與我和任何人之間的討論。」

理查生高中的資料中心

在一所擁有兩千七百位學生的高中，想當然爾，我們應該可以期望理查生高中會屈服於使用學生考試成績的平均數和簡單的總結摘要那種誘惑吧！不過在理查生高中最讓人覺得訝異的，是他們的教職員工和領導階層想辦法將他們辦學的焦點集中在每一位個別學生的需求滿足上。看到她的布告欄當中有一個地方標示著「機會學院（Opportunity Academy）」。在那底下更是採用大寫字母書寫著：「沒有任何一個人可以掉落到細縫裡面」（譯註：原文為 NOBODY FALLS THROUGH THE CRACKS，實際的說法更貼近「將每一位學生都提升上來」））」。

「機會學院對我們學校 20%的學生而言，就是成功與中輟的主要差異了。」阿金斯校長進一步說著：「真抱歉，我必須要先離開去處理一些事情，還好這裡有歐地斯・傑克生先生——有任何問題都可以問他，他會樂意告訴你這所學校的種種事情。當然你也可以在這附近問任何一個人關於我們這裡的每一個布告欄上面的內容。每個人都知道布告欄上面的資訊代表什麼，也都知道我們是如何運用這些資料的。」

在校長匆忙間離開之後，我向傑克生博士介紹我來這所學校的目的，以及簡單的自我介紹。我發現傑克生博士是一位一絲不苟、相當重視形象的人。從外觀上面就可以發現，在他開始說第一句話之前，我們也都需要非常尊重他這個人。他告訴我：「可以這麼說吧！機會學院是這所學校的心臟和靈魂。」他接著說到：「這些學生就是那些在代數方面被當過三次的學生，也是我們學校十八歲的高二學生（譯註：美國的高二應該相當於國內的高一年齡，也就差不多是十六歲的年齡，十八歲還在就讀高二，已經被學校當兩年了）；在以往我們都沒有注意到學校早就存在一個大問題了。這群學生當中有些人在學校學會了在老師面前裝作乖乖牌，所以雖然考試成績不怎麼理想，卻還可以獲得D的成績。所以我們通常完全忽略他們的存在，還經常以為他們在學業方面也相當亮麗呢！不過我們每個人都知道，其實獲得D的成績根本就是膽小鬼的F，只是沒有人願意承認給了學生不及格的分數吧！當我剛到這所學校的時候，我發現到有61%的學生在高中畢業考的時候總是獲得D的成績，他們還認為這是可以過關的分數呢！現在我們給了這群孩子非常不一樣的震撼教育（譯註：原文爲sucker-punched，應該解釋爲被吸血鬼痛扁一頓，譯者在這裡以國內熟悉的字眼嘗試轉換，如有不正確，尚請不吝指教）。我們告訴這群孩子，他們確實表現還勉強可以，或者可以這麼說，至少他們在平常的表現還勉強可以接受，不過我們接著告訴他們，以這樣的成績是不可能讓他們畢業的，那將會是一件丟人現眼的表現。現在我們透過這個機會學院的標示，可以很快的在他們學習剛開始發生問題的那一剎那就可以辨認出他們來——我們通常在他們剛進入高一，九年級的時候就可以瞭解到他們可能的表現了。如果在他們剛進入學校註冊的時候，沒有被辨識出應該屬於這個機會學院的一群，我們也會在他們進入學校的前幾個星期就可以將他們辨識為需要協助的學生群體。在這所學校，失敗不是我們的選項之一。」傑克生博士最後講到這裡的時候，是那麼的堅定，讓我們很清楚的瞭解到，他絕對不是在背誦學校的一句口號。

「請注意看看這裡的布告欄，」他這樣說著：「請你注意看看學院那一欄裡面每一個學生的姓名，以及他們目前的學業進展情況。我們每隔一個星期就會更新這一個布告欄——我們認為九個星期才給學生家長一份成績單的方式，對於這群學生而言，是跟不上時代的作法，也無法給他們提供任何有意義的回饋建議了。我們期望每一位在這所學校教書的教職員工都瞭解這些學生，不僅讓他們看到這群學生的潛力，並且在他們發揮潛力的時候祝賀他們的成就。現在讓我告訴你吧！這些學生當中有些人在兩年之後就會變為我們學校裡面榮譽榜的學生族群了（譯註：美國的學校通常把每一科成績都在B以上，也就是八十分以上的學生，歸類爲榮譽榜；當然還是有學校會更進一步以九十分爲榮譽榜的入圍標準，但是這樣做的學校似乎比較少）。我總是喜歡帶領一些教導進階課程和資優生的老師到這個布告欄前面，讓他們看到那幾位正在脫胎換骨的學生姓名，然後告訴他們，只要我們多花一些愛心、鼓勵、與協助，那麼這些學生就非常可能在未來的時光會在他們所教導的班級裡面成為學生了。」

布告欄的內容並沒有太艱深的複雜程度。他們原則上沒有包含每一個測驗的成績，也沒有包含每一個學科標準、或每一個班級。不過，相對的，我倒是看到幾項「關鍵性的指標」條列在布告欄上面：

- 上課出席率（出席率少於 90% 就以紅筆標示出來）。
- 閱讀等級（閱讀等級低於九等級的就以紅筆標示出來）。
- 作文等級（這個等級是採用評分指標的方式進行的，從模範的等級（Exemplary），到精熟的等級（Proficient），再到進展中的等級（Progressing），最後到沒有符合標準的

等級（Not Meeting Standards）。低於精熟等級的學生都以紅筆標示出來）。

- 研究能力（同樣的，這也是採用評分指標的方式評比的，任何低於精熟等級的學生都以紅筆標示出來）。
- 爵士（這一欄包含了像是美式足球、芭蕾舞、卡通製作、電動遊戲、古典音樂，以及許多看起來不怎麼相干的各項活動等等）。

我曾經看過許許多多的資料牆，不過從來都沒有看過任何一面資料牆上面提到電動遊戲或芭蕾舞之類的活動。這所學校到底在搞什麼鬼呢？我的臉上充滿著疑惑的表情讓傑克生博士進一步解釋著：「看來你是對我們這裡所寫的爵士有些困惑吧——那其實就是每位學生個人興趣的大雜燴。我們需要瞭解到底有哪些方法可以讓他們動起來（譯註：這裡作者使用Jazz來當作動起來的動作）。我認為那是一個孩子們熟悉的用法，我的一些同事甚至還相當熟悉這樣的字眼呢！不過我使用爵士來當作這個大雜燴有我的目的。你知道的，爵士音樂團體從來都不可能一個人獨立完成爵士樂的演奏。爵士樂會成為爵士樂有部分是因為樂團裡面每個人的興趣和專長所結合起來的，不過他們必須和其他的成員團隊合作才有可能完成爵士樂的演奏。每一位學生都必須找出一種可以代表他們個人爵士樂的項目，也就是那些他們深深喜歡，不是為了金錢或是一個成績等第的目的才表現出來的項目；他們會深深喜歡那個項目是因為那是一項非常美麗、讓人著迷、令人驚豔的事情吧！我們透過興趣所帶領出來的火苗來將我們的教學策略和他們的興趣作最大的連結可能。」

「當然，針對這些學生，我們還有其他更多的資料可以呈現，不過我們使用這個布告欄來創造我們珍惜的關鍵指標的瞭解和覺醒。如果我們有一位學生在閱讀和寫作的等級上還沒有達到他們那個年級所需求的精熟程度，那麼我根本就不需要一大堆統計數字和測驗的分數來證明這件事情——我需要的是盡可能去協助那位學生學習如何閱讀才是有效率的。我們就會更改我們學校的日課表，安排特定的小老師給那位學生，改變他（或她）自習的時間表，有時候還要增加兩倍到三倍的課堂時間給他們。我確實知道這樣的作為看起來好像很瘋狂的樣子，也非常的不方便，不過我們學校決定與其讓這些學生有不及格的表現，我們寧可選擇這樣的措施。我們在一般學校通常會進行補救教學的活動來協助那些跟不上進度的學生，不過我們現在認為正確的選項應該是在學生還沒有出現這些失敗的現象之前，投入時間、精力和金錢來預防這種失敗的可能性。在每一次教職員工會議的時候，我們都會認真的檢視這個布告欄，我們會認真的想要知道我們如何教學才能夠滿足這些學生的需求。一個非常有趣的現象就是我們不僅從我們那群在機會學院擔任教職的老師身上獲得許多構想，我們還從其他領域的老師獲得許許多多的建議。其實我們經常從一些特殊教育老師、第二外語的老師、以及資優班老師的身上獲得許多非常了不起的建議呢！另外，我們也發現教導科技的老師在腦力激盪方面也經常提供許多非常有用的構想，讓我們可以和一些洩氣的學生，或是一些根本提不起勁的學生做比較恰當的引導工作。

我們這所學校有超過兩千七百位學生的總人口數，也有五百多個機會學院的機會，你或許很好奇的想要瞭解我們到底是怎麼在這麼大的一所學校還能夠辦到這樣的程度，是嗎？我猜我頂多能夠給你這樣的答覆吧——慢慢來，一次帶起一個學生就夠了。哈！我看到羅伯特了，那是我心目中的一位明星學生，我必須趕緊過去和他聊聊。」

在傑克生博士離開之後，我在這間房間到處看看。其他的布告欄代表著一些多元化的布告欄，也是一般人會認為一個完全中學所應該具備的許多布告欄，包含許多不同的興趣，多元化的觀點，以及多樣化的需求。當中有一個布告欄是專門給漫畫專用的，裡面的漫畫包含了許多令人作嘔的測驗、行政主管、民意代表和老師等等（譯註：這所學校的老師將報章雜誌上面批評教育的漫畫當作裝飾品，顯現出老師高度的幽默感）。

這時候，瑪麗沙・馬隆走過來，一邊介紹她自己，一邊說著：「沒有辦法接受學生的笑話嗎？」顯然她已注意到我的臉部表情並清楚告訴她，在一個公立高中看到這種會引起爭議的漫畫有些驚訝的表情吧！「他們還沒有廢除憲法第一條款吧！」她這麼解釋著。原來她就是這所高中社會科的學科主任。馬隆博士長久以來都是課程標準和測驗的一位批評者，相當活躍。但在這裡，她就成了學生在政治漫畫上的一個角色而已，獨立在這個布告欄上面，而且就跟在旁邊非常顯著的「學生的學術成就——研究與出版品」一旁。在那個布告欄上面，有許多學生發表的作品令人感到不可思議，從給當地的地方報紙編輯的書信，到《康闊德回顧》

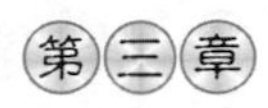

（*Concord Review*）， 一份全國著名的高中歷史研究期刊，甚至於還包含了一些線上雜誌的內容都無所不包。

「當然我們一定要追蹤學生接受測驗的成績表現，包含州政府的測驗，以及我們這所學校獨立進行的各項測試都需要進行追蹤，」馬隆博士接著說：「不過在高中，我們不會勉強接受最低標準的能力，或者得過且過的讓學生就輕鬆從高中畢業了。我們一定要挑戰這些學生去執行一些他們從來都不認為他們可能可以完成的項目，例如透過他們在全國著名的出版期刊和網頁的出版，讓他們的能力獲得全國各界的肯定。當他們從老師、學生、以及我最喜歡的就是大專院校的入學許可辦公室寄來的電子郵件時，他們會改頭換面的看待他們自身的能力。你剛剛看過我們附近的社區了，你也看到外面那些孩子了——沒有多少學生穿得起名牌服飾，在我們的停車場也看不到新款的車子。這些孩子從來都不認為他們可以變為學者的。不過在這個布告欄上面的每一位學生都可以成為學者，更重要的是，他們都確認他們具有成為學者的潛力，這個世界也都知道他們具有這樣的能力。我還可以向你保證，當你下次再來我們學校的時候，你將會看到更多的學生姓名出現在這個布告欄上面。很抱歉，我現在需要到圖書館去協助一位剛來的新老師，讓他瞭解我們學校正在進行的研究草案，回頭見！」馬隆博士就這樣匆忙離開我的視線。

討論的問題：理查生高中的個案研究

1. 想想一些您認識的老師和行政人員，那些和這個個案研究擁有類似個人特質的人。您是否能夠在真實的生活裡找尋出和馬隆、阿金斯、與傑克生等人具有類似特質的人員呢？
2. 先想一下你們的學校是如何處理那些低成就的學生呢？想想你們通常在哪個時機，採用哪些介入的方式來協助那些低成就的學生。你們學校採用的策略和理查生高中所採用的方式有哪些策略是相同的？哪些是有差異的呢？
3. 在理查生高中個案所呈現的許多構想當中，請挑選一個讓你覺得最有幫助的一項。假如您所服務的學校仍然保持目前所採用的各種策略所需要的資源，包含時間、經費、與人力的運用，您要如何運用理查生高中那項令你印象深刻的策略在學校推動呢？
4. 理查生高中的資料牆有許多資料在一般典型的績效報告當中是隱藏看不見的項目。在您的學校和學區裡面，要如何重新架構整個績效計畫，才能夠有系統的來分享您從理查生高中所學到的一些創新構想呢？

評論：理查生高中的個案研究

在學校改革的討論議題當中有一個大家都接受的座右銘，那就是大家都認為高中是所有學校階層當中最會抗拒任何改革企圖的堅強堡壘。當然，那些譏笑改革的人會認為，要改變國民小學的教學當然容易多了，在小學教學的人對於任何事情都熱切的擁抱著。不過我們這群高中教職員工，拜託！不要把我們想像得那麼幼稚，我們是不可能改變的。我們絕對不會給改革派任何一絲機會的。他們就是那群憤世嫉俗的人，他們相當的頑強，不肯跟著時代改變，他們有他們自己的一套工作哲學，當然，他們還有千百種方式讓任何一個改革的企圖都得在他們面前倒下去。除此之外，他們早在八百多年前就已經看過所有的改革企圖了，他們可以和任何一位學區教育局長或校長提出來的新構想進行長期抗戰。理查生高中有一件令人感到興趣的事情，那就是他們在學校裡面從來沒有任何「新的構想」出現過，除非您認為帶領學生追求學業傑出的表現，人們的熱誠，以及在二十一世紀轉型的時候學校對於道德方面的整體承諾算得上是一個新的構想。就像是在前面兩個個案研究一樣，領導的身份在學校是由行政人員和老師分享著，不僅在學生學習的績效上面，老師以一種強勢的領導方式帶領學校往前走，他們也經常和同儕分享資訊以便持續的改善他們自己的教學專業。我們真的很想稱這樣的表現為學校創新的構想，不過他們這幾所學校所採用的真實績效機制卻是那麼的平凡。其實他們只改變了少數幾項作為——資訊公開化、親近的領導風格、對於卓越表現與公平公正的教育機會的共識、同時伴隨著老師們願意為最低成就與最高成就的學生都可以追求卓越的強烈企圖心——這些才是讓這所學校能夠在傑出當中追尋卓越的主要因素。當然在我們描述一些令人驚豔的學校時，總是有讀者會嘆息的說到：「當然他們可以做得到，不過他們非常的特殊。在我的學校想要這樣推動是一件不可能的任務。」然而，即使理查生或許相當特別，不過我們認為他一點都不是特例，也不是唯一的個案。

個案研究的註解

對於某些人而言，個案研究的技法和真實的情境其實非常遙遠。那麼我們想要問的就是個案研究的格式是否真的具有價值呢？我們瞭解到《哈佛商業週刊》（*Harvard Business Review*）所刊載的個案研究都相當禁得起考驗，而且這種類型的技巧也廣泛的運用在全國許多著名的商業學院、法律學院、與醫學院，這樣的普遍運用都建議我們它應該是一個非常強而有力的學習設備，至少對於那些需要獲得真實情境才得以學習的學生而言，就該如此。在教育的情境下，個案研究顯得特別具有價值。首先，他們針對某個特定的專業伙伴的特定行為進行強迫討論的功能。這和一般我們熟悉的教師專業成長研習所討論的抽象理論有十萬八千里的

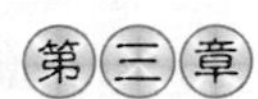

距離。個案研究同時也允許我們以一種不會針對個人的方式深入討論一個議題和行為，這樣的討論比較不會過於敏感；我們相信這樣的模式和針對學校裡面某一個特定的人物和情境進行討論相比較時，可以免除一些敏感性的問題。可靠的個案研究保留真實情境的條件，不過刪除了因為個人因素和一些人的防衛心，所以顯得相當有用。最後，個案研究允許專業伙伴從許多不同的情境來綜合他們的經驗，讓我們可以在一段壓縮過的時間內獲得非常豐富的經驗傳承。

簡單的說，個案研究是教職員工會議和教師專業成長會議可以採用的一個非常有用的技巧。在一個理想的情況下，對於個案研究的反應可能包含了個別的專業伙伴，以及那些將這些個案議題整理成冊的伙伴們。針對相同的個案有許多不同的反應，讓我們有機會來交換亮麗的意見，最終的結果，我們期望有機會可以將個案研究的整理運用到您學校所面臨的真實議題。

Chapter 4

教師的賦權增能：由下往上的績效考核制度

- 神話 1：好的測驗成績 ＝ 優質教學
- 神話 2：劣質的教學可以產出優秀的測驗成績
- 老師在績效考評的領導角色

儘管我反對老師教書應是所有工作中最底層人員的那種印象，這當然也包含了學校體制的階層。但我仍認為無任何措施可以比「由下往上的績效制度」和傳統那種「由上而下的績效體制」相抗衡了。我這裡提倡的制度認為學校應該給老師賦權增能（empowerment）的模式。目前社會大眾所認同的模式中，老師像極了工廠的員工，而學生就是工廠即將生產的產品，這些產品必須符合工廠管理人員和老闆的某些規格要求。其品質主要是由學生的行為和他們接受測驗的成績來評斷（譯註：這是採用「生產線」的模式當作類比，將二十世紀最盛行的教育模式比喻爲工廠加工生產線。而工廠的品管人員就和傳統績效制度的測驗扮演一模一樣的角色）。好的老師就會帶領出好的成績表現，他們的邏輯這樣推論著，而劣質的老師則會帶出爛的測驗成績來。所以我們看到目前所盛行的績效制度就是添加了這些人為的價值觀（Sanders, 1998），他們大多數依賴這樣的假設。

神話 1：好的測驗成績 ＝ 優質教學

我們當然承認老師在學生接受測驗時的成績表現上有非常重大的影響力。我們當然也知道還有許多其他的因素會影響學生在測驗時的成績表現，包含了學生出席的狀況、學生家長參與學校運作的情況、學生學習的原動力、以及學校行政主管的領導統御都有深遠的影響力。我的研究生在我開設的統計學可能只學到幾個有用的課堂，不過那幾堂都是非常重要的課程。他們學到的第一堂課就是「生命中有許多影響的變因」，那句話的意思是說每一種結果可能有許多不同的原因。當我們在檢視學生接受測驗的成績時，正好可以證明這樣的觀點。學生學到的第二堂課，特別是針對那些選修教育統計的學生而言，就是「並不是每一件事情都可以透過一個數目字來測量的」*。

一個方便且舒服的方式就是在收到學生測驗的成績單時，簡單分析他們的平均數和一些統計資料就停下來，不再作深入的分析。不過教學專業的伙伴一定要在一般社會大眾公認的「高分數等同於優質教學」這個永垂不朽的神話中，掌握他們自己的角色。以長期的觀點來分析，教師任務的指派在這項關係上扮演著一項重要的角色，而且教學專業的伙伴——尤其是那些在談判桌代表全體老師的人——必須要瞭解他們在面對這樣的挑戰時所肩負的重責大任。

教師任務的指派與學生的學習成就

在多數績效體制的推理下有一個邏輯上的瑕疵，他們認為有些成績表現亮眼的學生是因為他們家庭的因素——例如他們家庭的收入情況、使用的語言、以及居住的地點——這些都比學校老師給學生帶來的影響還要顯著。長久以來我們確實發現，優異的

* 除非特別說明，否則這裡所提到的學校和個別老師都是以真實個案，但匿名的方式來呈現。所以這裡的名稱和地點都是虛構的。

老師和學生測驗的亮麗成績表現有相當的關連性，實際上這可能是因為傳統方式指派教師工作所產生的效應。一般來說，最沒有經驗與教學能力最差的老師經常被指派到表現最差的學校，去擔任那些學校裡面最低成就班級的教學。羅伯特・英格梭（Robert Ingersoll, 2003）就曾經記載在全美國各地的學校這種普遍發生的情形。他的研究結果也受到其他在這一領域長期進行觀察的研究者的資料佐證（Reeves, 2000a），他們也都注意到這種在學校的工作指派是依據老師在學校的資歷來指派的普遍現象（譯註：這似乎是全世界共通的現象。以國內的教育界來分析，通常資深老師除非特別喜愛某些課程，或非正式課程，否則通常會將一些不在課程內的行政要求轉給新來的老師；例如每年舉辦一次的科學展覽，或是教學觀摩也大多是新任教師的專利。而一般的老師在教學一段時間之後，如果能夠帶領學生獲得亮麗的成就表現，也都會被明星學校所吸收，成為明星學校老師的一員）。

當我在訪談一些為這個體制辯護的教育家時，我曾經聽到某些資深的老師提到他們不會受到學校行政主管影響他們的表現，就是他們的班級有多少貧窮和少數民族的學生，來當作他們在學校裡面可以呼風喚雨的能力代表。雖然這些教育伙伴並沒有刻意想要提到種族歧視或是瞧不起經濟弱勢的學生，不過有一項明顯的印象，就是教育伙伴的升等、技能、官位的升等、以及他們在體制內的經驗，都和他們是否能夠和那些具有經濟優勢的學生經常接觸為原則，那些學生就是中產階級的白種人；而學校通常指派一些沒有多少教學經驗、比較低階、能力比較不足的老師，教導那些在經濟方面比較劣勢的學生，偏偏那些學生也是我們熟悉的少數民族的學生（譯註：國內的明星國中似乎就有這樣的傾向。家長的經濟條件，決定他們是否可以在明星國中的學區買房子，讓他們的子女可以接受明星國中的教誨。而偏遠地區的老師也通常在那樣的學校教導幾年之後，想辦法離開偏遠地區，到城市內的明星學校擔任明星老師）。

還好這樣的情形不是絕對的，我們還是可以看到在一些最願意挑戰現實的學校（譯註：作者在文字上的運用相當顧及學校的面子，這裡實際上就是說那些表現最差的學校），有一些擁有進階學位，資深的老師願意和低成就的學生相處在一起。另外，我們也經常看到一些一級棒的老師自願擔任全校最難教導的班級、或學生的教學工作。不過我們還是認為這樣的現象屬於特例，不是一般學校在指派老師教學工作時常見的現象。一般最常看到的教學指派模式通常將那些最有經驗、最優秀的老師逐漸從最需要他們的學生那裡一步一步往外移動。因此，如果我們真的想要和社會大眾公認的觀點，也就是認為「學生接受測驗成績表現良好等同於老師的優質教學（good test scores = good teaching）」相抗衡，那麼我們就必須真實的去挑戰每一位老師的工作指派是如何進行的現況。在這樣的條件下，我們該如何打破教師工作指派的傳統習性呢？如果認為傳統的方式就是錯誤的方式，所以學校行政主管就隨便洗牌，隨意指派老師的工作任務，也不太可能是有效的策略。還記得哈洛德・拉維校長，那位曾經擔任紐約市公立學校的領導人嗎？當他嘗試想要將一些在低度貧窮地區工作的老師，調換到高度貧窮地區工作時，卻因為洪水般的指責而不得不辭掉那個職位。透過這個例子，讓我們知道由上級行政長官任意指派的方式是無效的作為，那麼如果是採用經濟誘因的方式呢？Ingersoll 和 Smith（2003）指出雖然收入不高是許多老師離開高度貧窮學校的主要原因，不過比較多的老師離開那些學校的主要原因是因為學生管教的議題、行政人員比較不會支持老師的教學需求、學生比較沒有學習的原動力、以及欠缺同儕之間彼此的影響力等等。換句話說，老師真正想要的應該是一種結合經濟誘因與非經濟誘因的考量，包含工作環境的安全考量、時間的運用、以及應該受到的尊重等等。所以一個公平公正，可以解決教師教學工作任務指派的挑戰，也絕對不是要老師的談判代表在任務指派的當下放棄他們的權力，而是需要結合正向的誘因，讓一些具有經驗、和優異教學策略的老師，去面對那些具有高度挑戰老師能力的學生。這樣的誘因可能包含了班級人數降低、額外的規劃時間、比較多的行政支援、以及明確的保證他們個人的工作安全（譯註：例如行政人員不會因為這些優異的教師和「頑劣學生」相處，學生表現不好時，會讓這樣的老師受到其他人員的質疑）。就誠如 Ingersoll 和 Smith 的結論所指出的，「資料指出這些學校會有老師不足額的現象，主要是根基於學校和學區的工作環境。」（p. 47）。

神話 2：
劣質的教學可以產出優秀的測驗成績

有些非常喜歡批評學校測試學生學習成就的評論家正好提出截然不同的理論，他們不認同「優質的測驗成績等同於優質的教學」這樣的觀點。這些批評者抱怨的指責，認為在傳統測驗成績的帶動之下（譯註：也就是國內熟悉的「考試領導教學」的現象），唯一可以邁向高度成就的旅程就是毫無意義去反覆進行測驗的練習，直到學生熟練測驗的種種規矩為止。這些評論者認為，在這種劣質的教學環境下，就不太可能有任何一位老師有機會可以成為優質的老師。若一位教育伙伴想要投入時間帶領學生進行創意學習、或者鼓勵學生儘量參與各項學習項目、或是批判思考、進階寫作等，那麼花時間在這些和測驗無關的學習方面的追求，就會讓老師沒有時間去趕課程進度、也無法讓學生有足夠的測驗練習，當然就不可能有優異的成績表現了。而以這種邏輯方式推理，則優異的老師帶領出來的學生應該是低落的測驗成績。

如果這樣的主張屬實，那麼那些具有創意、上課認真、與嚴格要求學生——特別是那些在社經地位比較差的學生族群當中的老師——他們的學生或許會有比較差的測驗成績表現了。然而，我們獲得的資料卻不支持這樣的論點。在這個國家的許多地方進行實地觀察後（Reeves, 2000b），我發現許多和這個論點截然不同的教學現場。我看到許多老師把他們寶貴的教學時間用在學生寫作、編輯、重寫文章、協同評分彼此的作品——即使強調這樣的教學模式，會逼迫他們放棄許多讓學生練習測驗、或趕進度的教學都在所不辭——偏偏他們的學生在接受州政府規定的測驗時都獲得亮麗的成績表現。

所以我們確定對於測驗的這兩種觀點都有錯誤的地方。支持那些重大測驗結果來評定學校的人所犯的錯誤，是他們假設可以透過學生接受測驗所得到的成績，當作老師教學效能的唯一項目。然而，批評這些重大測驗的評論者也犯了另外一項錯誤，他們認為老師為了讓學生在傳統測驗下可以獲得比較亮麗成績的唯一方法，就是毫無意義的讓學生反覆練習各項測驗，而將這些老師原先學過的批判思考、和學生參與學習的重要性給完全遺忘了。為了解決這個兩難問題，我們認為一個可以嘗試的方法，就是重新改造我們所熟悉的教育績效考評制度。

老師在績效考評的領導角色

與其使用「由上而下的績效制度」，我們建議一套具有建設性的替代方案，不再單純使用學生接受測驗時的成績當作唯一的績效指標。為了要證實有效率的教學實務工作，也能夠確實評鑑學生在測試時的成績表現，我們可以使用許多教育方面的變因和分析的方式來進行。我在這裡針對教育績效體制所提倡的完備方式是一個無所不包、公平公正、同時也是具有建設性的績效體制。一套完整的績效體制應該不僅包含學習的成果變因，例如學生接受測驗的成績表現；也應該針對各項原因的變數進行深入的理解。如果老師想要將績效體制從一個強制施加在老師和學生身上的一套政策制度，轉化為可以影響教學與學生學習的建設性工具，那麼老師就必須在系統化文件的使用上擔當起帶頭的角色，將他們的教學和課程方面的實務工作以文件的方式記載下來，並且分析他們所運用的那些教學實務、課程實務，與學生的成績表現有哪樣的關連性。有越來越多的老師在接獲全國專業教學標準委員會（National Board for Professional Teaching Standards, NBPTS）所頒授的教師證照時，早就已經開始進行這樣的系統化觀察，也針對他們的教學專業實務工作進行定期的反思了（Darling-Hammond & Sykes, 1999）。然而教育績效體制的政策將無法啟動他們的潛力，除非這類型的反思工作已經變成他們教學生活的一部分，而不是一些單獨的特例。

老師在績效體制的領導地位包含底下幾個項目：一、觀察；二、反思；三、綜合分析；以及四、複製等四個主要的項目。這四個項目都非常的必要，所以一個完備的績效體制如果沒有這四個項目就會顯得相當的不完備了。

觀察

負責任的老師知道他們想要推動的教學實務工作和他們真實

的表現之間的相關性。他們可以推測在真實的教學過程中，可以達到多大的預期效果。例如，他們知道依據老師即時的回饋意見，學生可以多常繳交他們重寫過的作品。負責任的老師也知道他們需要多久和同儕共同合作，針對學生的作品給予評分，他們知道他們對於學生作品的評估、與他們同事的判斷有多高的切合性。這些教育界的伙伴知道他們應該提供多元的情境，以增強學生理智的行為去找尋新構想的機會，例如在美勞課程當中進行比較和對照的寫作，或者在音樂課堂上進行社會科課程，或是在體育課搭配測量的單元，整合數學和體育科的課程，乃至於在一門自然科學課程當中讓學生進行詩詞創作等等。他們知道今年的學生比去年那一批學生所獲得的回饋要多出許多，而且他們也知道他們的學生在課堂上需要進行思考、分析、推理、乃至於比前一個學期寫更多的文章之類的挑戰學習。這些優異的教學策略在課堂上發生的原因既不是偶發事件，也不是僥倖得到的結果，而是透過仔細規劃的專業實務精心設計所得到的結果。這些老師知道有效的教學實務的特質，所以他們會刻意將這些優異的教學技巧精心的融入他們每一天的教學生活當中。另外，他們還會採用系統化的方式觀察他們執行這些優異教學法的歷程，目的就是希望能夠給他們的學生提供比較有效率的學習，至少和前一個月相比較時，可以清楚的看出這樣的進步情形。

在看過許多肯肩負起責任的老師之後，我相當驚訝的發現，他們居然是使用一些「低技術性」的觀察工具來進行觀察的工作。他們並不認為專業教學實務工作的精細觀察等同於精巧的呈列某些教學過程。有些老師使用紙筆的方式紀錄他們的觀察現象，另外一些老師使用簡單的圖表來進行。有些老師使用電腦報表的模式，另外一些老師讓他們的學生針對老師的教學實作表現以各種圖表的方式來展現，例如學生會以圖表的方式來記錄老師提供回饋的頻率，這樣的作為讓我們在創造有效的教學和有效的學習歷程時，將學生視為我們的伙伴關係。有些老師展示他們的表格、圖形、和圖表，讓整個世界的人都可以看得到他們努力的結果，另外一些老師稍微內向一點，只和一位同事或輔導者在閒聊的時候分享他們的專業實務工作。所以我們認為有效率的績效體制的第一個主題並不是一些引人矚目的展示，而是相當安靜、持續以系統化的方式進行教室的觀察工作（譯註：這裡提到「低技術性」的觀察工具，和國內許多教育前輩動則花費百萬、乃至於千萬元的經費，採購最新的高科技觀察工具，例如特殊的觀察室，攝錄影機的採購，投影設備等等作爲是相衝突的概念。但是這種低技術性的觀察工具比較容易貼近多數老師的自我要求，是值得老師們想辦法去學習的。對這領域有興趣的老師可以參考*supervision*，也就是視導的書籍）。

採用系統化的方式進行教室觀察的實務工作可能具有一個潛在的危險性：參與這項工作的老師通常會非常嚴格的要求他們自己的表現。他們很精確的瞭解到當一位低成就、鮮少有表現的學生整個星期都沒有從老師那裡獲得個人有意義的回饋意見。他們會從自己所收集到的證據來判定他們在一整個忙碌的月份都沒有和任何一位同事進行協同合作的教學。

這些非凡卓越的老師與他們那些比較沒有效率的同事之間有一個主要的差別，那就是這些肯負責任的老師瞭解到他們自己的缺陷，並且也瞭解到在教學的中途可能要採取一些修正的模式，但大多數的老師單忙於每一天的工作就已經快要喘不過氣來，更不用說要他們去辨識出需要調整哪些教學的實務工作。或許他們理解到該做一些修正工作的時間就是每一年要結束的時候，再進行一些新年新願望的期許。對於肯負責任的老師而言，他們的同事、輔導者、學校的行政主管都需要接受一種核心的挑戰工作，那就是這群肯負責任的老師都傾向於不斷的督促他們自己，所以每一天的教學通常充滿著各式各樣的批評聲浪。不過我認為那些參與系統化觀察的老師需要我們給他們一些鼓勵、溫暖、與讚美，即使當我們在系統化觀察之後，確實發現他們真的有某些缺陷的存在。研究人員通常都瞭解到一個座右銘，那就是「我們從錯誤所學到的教訓，遠遠超過我們從不確定的現象所得到的教訓」。同樣的，肯負責任的老師在經過系統化的觀察之後，坦白承認在改善專業的教學實務工作上，需要外在的協助時，最急切需要的就是我們需要增強他們的自信心、提供適當的鼓舞，絕對不是在那當下還要斥責他們的缺陷。

反思

一個負責任老師的第二項特質就是反思了。收集專業實務工作的資料確實重要，不過如果我們沒有針對這些問題進行規律性的反思，這些辛苦收集來的資料就沒有多少價值了。一些值得老師投入的反思問題如下：

- 哪些實務工作行得通？
- 在這些實務工作和學生的學習成就當中，我注意到什麼樣的關連性呢？
- 最近幾個月我的專業實務工作和六個月以前的我有哪樣的差異呢？
- 我在哪樣的機緣下和我的學生作了最有意義的心靈連結呢？在那種師生心靈相通的時候，我到底作了哪些事情呢？
- 和我的同事相比較，我所進行的觀察有哪些是前後一致的，哪些是前後矛盾的呢？

因此，反思不僅需要針對自己所觀察到的結果進行分析的工作，也需要更有挑戰的工作，就是去聆聽同事的觀點、和比較彼此所觀察到的結果之間的異同。可以這麼說吧！反思的過程其實就是績效體制的核心心臟部位。我們是透過反思的進行才能夠區隔一些流行的教學技法與他們的效率之間的差別。我們在反思的時候，應該提問的問題不是「我會喜歡這樣的東西嗎？」，而是「這樣的作為有效嗎？」以我個人和許多孩童，以及成年人的教室經驗來分析，我有好幾次經驗，被迫要在我喜歡的項目（專屬於我自己的甜美聲音、與精練的語言），以及我學生最重視的項目（每當我安安靜靜的聆聽他們，並以他們自己的語言表達複雜觀點時的態度）之間做兩難的選擇。

在本質上，反思是一個協同合作的活動，需要學生和同儕主動積極的參與，這樣我們才能夠透過我們和他們之間持續不斷的努力，改善我們教室裡面的教學與學習。這種面對績效體制的方式將學生的角色從「產品」的那一端，轉化為同儕的角色。它也將老師從「工廠工人」的角色，轉化為研究分析者、教練、與輔導者的角色。簡單的說，它是一項非凡的工作，也是將績效體制從卑躬屈膝的將學生成績一一登錄的書面報告，轉化為分析專業實務工作，以便提供持續改善與發現契機的洞見。

綜合分析

個案研究是教育研究領域中最不受到重視的一種研究法（譯註：原文為 Rodney Dangerfields，在美國的俚語上通常是指稱那些在該領域最沒有受到尊重的項目）。一般說來，它所獲得的尊重遠少於卑微的喜劇。目前許多人強調科學方式控制研究內容的趨勢讓個案研究的可信度降低了不少，許多批評者就認為，我們只在描述個別的經驗，是不可能讓他們想要認真考慮我們的努力結果。然而，我們也可以為個案研究和其他類型的質性研究的價值找到強而有力的說詞。優質的質性研究有一項最重要的特質，那就是它具有厚實的描述說明（think description），這是在許多量化研究所極端欠缺的一個性質。另外，當我們以系統化的方式進行觀察許多教室的教學現場之後，我們就有機會可以將這許多資料以量化分析的方式來進行研究。一個單一的個案研究可能是一個偶發的軼事；不過相對的，當我們有成千上萬的個案研究之後，就創造了一個類似量化研究的潛力，可以透過大量資料的比對分析，進行大規模的綜合分析。讓我們隨便舉幾個學科領域來說，像是生物、藥理學、精神病學、以及教育等理論的起源，也都是從許多不同的個案研究所進行的綜合分析逐漸浮現出來的結果。

綜合分析是教育績效研究的保證書。當我在審查好幾百間學校所提供的績效資料時（Reeves, 2000a, 2001a），個別學校所發生的觀察結果都不會提升到可以說服我想要將他們納入研究結果的地步。不過當我發現到在那些學生受測成績都提升超過20%的學校，都使用共同的評量方式、也都廣泛的使用非小說類的寫作當作寫作的訓練題材、以及由教職員工協同給學生的作品進行評分的工作時，那時候我就會開始推論這些作為和改善學生的實作表現有相當密切的關連性。所以我會在文章推論如果學校能夠採用共同的評分、評量、以非小說類的寫作當作寫作的題材、以及協同評分的策略，應該就有可能可以提升學生的成績。這些觀察的結果目前還不足以確定學習的因果關係真如這裡所提到的現象。不過同樣的現象也發生在早期醫學研究觀察到吸煙的人口和肺癌之間有些巧合的關連性，就像在一九六〇年代早期，煙草公司所聘請的科學家非常嚴謹的告誡社會大眾那樣的觀察巧合。不過後來透過成千上萬筆的個案研究的綜合分析，總算讓研究人員可以針對吸煙和肺癌之間的關係提出假說和學理，也才得以接受更嚴謹的深入探究與科學研究。

綜合上面的意見，雖然系統化的觀察教師的行為不太可能回覆研究者的所有問題，不過結合系統化的觀察和仔細的綜合分析，將為未來的進階研究鋪設研究的康莊大道。更重要的，結合觀察結果與綜合分析，給教育績效制度創造了一個具有建設性的角色，讓我們可以透過一些經得起考驗的專業實務工作，取代單純使用既有的事實和個人的偏好所帶來的刻板印象。

複製

教師在績效制度上的領導還有最後一項測試，它既不是嚴格的執行教室觀察，也不是精密的分析許多綜合的資料，而是我們是否承諾要複製這些有效的教學實務工作在我們的教學上呢？當老師面對一個嶄新的績效制度時，他們都可以理直氣壯的問著：「這套新的制度對我有什麼好處呢？」他們會懷疑這個新的績效制度是否真的能夠為他們節省時間、改善學生的成績表現、以及讓他們可以將教學的專業，更聚焦於那些最有效率的教學實務呢？很不幸的，我們能夠給那些挑戰工作的回覆竟然是響亮無比的「不行！」兩個字，除非我們願意將複製這些有效的教學實務工作當作我們那套績效制度的一部分。當我們瞭解到會有這樣的結果時，或許可以提問一個最愚蠢、但也最有意義的問題，那就是「既然如此，我們幹嘛還要這麼辛苦的執行這項績效制度呢？」換句話說，「既然我們知道如果我們做 X 的話，就比較可能會出現 Y，那麼我們是否真的要執行 X，或者只是聊聊就好了，不要那麼認真呢？」那是一個教師領導推動的績效體制的基本問題。當我們從綜合分析的結果，跳躍到複製結果的時候，就會強迫教育伙伴和學校領導者去面對底下這類型的問題了：

- 我們知道寫作、思考、分析和推理都是有效的學習策略。我們真的想要多花一點時間來進行這些項目嗎？
- 我們知道學生能夠以協同的方式，針對彼此的作品進行評分，就可以提升學生實作表現的公平性和水準。我們是否真的要擴大學生參與評分的機會呢？
- 我們知道彈性的排課時間，以及投入比較多的時間在基礎的材料上面，都和降低學生失敗的機率有相當高的相關性。我們真的要為此而修訂我們的課程表嗎？
- 我們知道比較頻繁的提供學生回饋的建議，和改善學生學習的倫理、原動力、實作表現都有相當高的關連性。我們是否要因此而改變我們提供回饋的時機呢？

簡單的說，複製有效的教學所面臨的挑戰根本就是有效績效的核心心臟部位。如果我們沒有想要複製，那麼績效就會淪為枯燥無味的練習報告和評量而已。當我們同時具備了教師領導的績效體制的四個核心特質——也就是觀察、反思、綜合分析、與複製的時候——我們就可以將績效體制轉變為一個對學生和社會大眾都有建設意義的力量了。

Chapter 5

學區的觀點

本章重點

- 體制層面的領導者必須做的事情
- 為學習負責的績效：有效實務工作的個案研究
- 其他都會型學校成功的範例
- 完備的績效制度如何影響教育機會均等的層面
- 處理鷹派學者與批評者（Cynics and Critics）的問題

學習的績效是教育領域上一個令人興奮，而且具有賦權增能的項目。傳統使用的績效制度限制了老師在教學上的施展，讓他們必須使用外界依據學生成績分數所衍生出來的指標來判斷他們的教學效能，偏偏那樣的分數和他們真實的教學表現可能沒有多少關連。這樣的制度無可避免的會讓老師有一種使不上力、求助無門的強烈感受，完全剝奪了老師和校長在教育工作上的內在動機，偏偏這樣的內在動機通常是當年他們想要成為教育界伙伴的主要動力。相對於這樣的觀點，為學習而擔負起的績效，強化了老師和校長的內在動機，主要的策略是將意義化（內在動機的品質保證）與一種稱職與隨時在進步的感受結合在一起，而這也是讓老師能夠持續維持動機的關鍵要素（Thomas, 2002）。

讓我們來考慮一下內心矛盾的現象，先想一想當一位老師看到學生的眼光中煥發光彩、接獲他們家長的認同與肯定、在教室裡觀察到一些極為優秀的作品時，卻被其他師長或社區民眾告知，他們實際上是在一所被外人貼上失敗作品的學校求學；而外人會認為他們是失敗的學校，主要原因是他們班上某些同學的出席率相當低，或是他們的家庭環境根本就不會將教育當作一項優先進行的工作。在那個時候，我們可以想像這間學校的師生會有哪一種心理的掙扎呢？這些老師很可能會懷疑他們從其他地方所得到的回饋是否屬實，最後讓他們將自己視為個人和專業兩方面同時失敗的個案。一旦他們放棄了希望，那時候他們的感覺就會取代真實的情況，而且也會將他們曾經努力奮鬥的英勇事蹟，讓位給「被動順從的接受上級長官的命令」而已。他們原先對於樂觀的堅持也會被一種無助感所取代，原有那種「彼可取而代之」的豪氣萬千，也會被「我根本使不上力」的嚴重無力感所取代了（譯註：作者將這種教師從師資培育機構畢業之前的豪氣萬千，再轉化爲那種垂垂老矣，有氣無力的轉變過程描寫得相當寫實。許多老師雖然不願意承認，但是我們不得不承認，許多資深的老師會直接告訴新手老師：「你現在還會想盡辦法去協助學生，但是等到你和我一樣的年齡時，就不會有那種熱誠了！」或許就清楚說明這樣的轉折過程。不過，幸好目前國內還有許多非常優秀的資深教師在這個行業的每一個角落「孤軍奮戰」。如果能夠將他們孤軍奮戰的努力集結起來，將會是一股非常的改革力量）。

如果我們在這裡不再繼續分析下去——就如同許多對於教育績效和評量制度的評論家經常做的事情一樣——那麼我們獲得的圖像就會相當陰冷，我們看到的圖像應該是老師對於教育的內在動機，像過往雲煙一樣的被丟進煙灰缸裡，而顯得有氣無力的進行每一天的教學工作（原文為 the intrinsic motivation of teachers consigned to the ash pit of history，若讀者有更好的翻譯，尚請不吝與譯者聯絡）。我們不認為這是一定會發生的現象。有許多學校體制已經掌握良機進行他們學校績效制度的轉型工作。他們瞭解到老師的教學是一套具有建設性、相當完備的績效體制的一部分，而且早就已經使用他們的制度，全年無休的提供正向、有意義的回饋給他們的老師、學生、與行政人員。這些學區也都面臨一般學區所面對的政治現實考量、經費使用的限制、教師聯盟的同意權、以及人類天生注定的一些缺陷與瑕疵。不過他們仍然在機會來臨的那一刻，掌握機會將「績效」轉換成一個讓老師可以展現他們專業能力的秀場，而不是讓老師畏縮在恐懼的情境裡。

體制層面的領導者必須做的事情

對於學區教育局長（superintendents）和其他同樣在學區服務的領導者而言，他們每一天都有做不完的工作，而且那些工作幾乎都相當不近情理。一些關於領導統御的文獻對於這類型的討論也都沒有提供什麼實質上的貢獻；那些文獻期望這些擔任領導統御的人要能夠整合底下這些偉人的人格特質：阿帝拉（譯註：Attila the Hun，第五世紀征服西歐的匈奴首領）、凱薩琳女皇（譯註：Catherine the Great，十八世紀著名的俄國女皇，原爲德國公主，後來成爲歷史上著名的女王）、邱吉爾首相（譯註：英國在第二次世界大戰時的首相）、伊莉莎白一世（譯註：Elizabeth I，英國在十六世紀的傑出女王）、傑佛遜總統（譯註：Jefferson，美國第三任總統）、耶穌基督、馬基維力（譯註：Machiavelli，《君王論》的作者）、摩西（譯註：《聖經》裡面提到的一位聖者）、拿破崙、尼克森總統（譯註：因爲水門事件下台的美國總統）、瑞士譜丁（譯註：Rasputin，俄國沙皇尼古拉二世相當寵愛的一位妖僧）、老羅斯福總統與小羅斯福總統〔Roosevelt (Teddy and Franklin)〕、華盛頓總統（Washington），還有許多在歷史上享有領導地位的那些人的特質。偏偏這些偉人的傳記作者提到這些偉人會功成名就，主要是和他們的人格特徵與組織的效率有關連吧！我在這裡想要針對那些要在這個複雜的教育體制擔任領導者的人提供一些比較謹慎的建議。

抓住機會看到老師作對的當下 ➲

首先，領導者必須在「老師作對事情的當下」抓住機會。這種作法是不太顯而易見的作為。傳統上，老師和中央辦公室領導者的關係是強調老師必須配合領導者的指令，並且要強制執行上級長官所交代的任務。挑剔錯誤、怠忽職守的失職表現、瀆職的表現、不當的行為等等才是上級長官通常會做的事情，而不是顛倒過來的找尋老師作正確事情的時刻。這也難怪我們會將教師評量這個原先是要協助老師改善專業的嘗試，轉移為一套經過協商後的官僚體制下的練習作業。在那套作業體制下，老師、校長和其他評量者之間的互動，侷限在數量的統計上，卻完全沒有品質上的管控。近年來一些善意的措施，從校園巡視到非正規的觀察，都給了某些程度的改善，不過在實務工作的推動上，這些行為似乎沒有系統化的傾向，也經常前後矛盾，只是讓老師們瞭解到他們可以更常在校園內看到行政主管的蹤影，卻沒有一套清晰的期望讓老師可以明瞭自己的教學到底有何優缺點。不幸的，在這些非正規的觀察當中，有許多項目集中在文件的記載——例如張貼課程標準、課程計畫書是否存在？是否照表操課？而不是將重點集中在那些可以讓學生更投入學習、或是進行反思教學實務的專業行為的觀察與檢討。

其實，行政主管的觀察不見得要這樣進行。傑出的領導者給他們自己的使命，就是要在他們校園內的老師正在做正確的工作時，掌握機會給他們提供正面的回饋意見。他們會創作「橡樹足跡國中的最佳實務工作」、或是「皮爾斯郡學區的教學楷模」之類的年度紀錄文件。這些文件的封面會記錄每一個參與教師的姓名，也會在內容頁碼處包含參與老師所做的貢獻，通常是一張單頁的文字說明，以及每一種教學專業實務工作的相片吧！在這些文件所刊載的實務工作都相當清晰提供詳細說明，例如某一個嶄新課程規劃的影響（Stevenson & Stigler, 1992）、或是一種改善學生學習成就的回饋方式（Marzano, Pickering, & Pollock, 2001）。在這些文件當中所記錄的最佳實務工作，不見得要侷限在課堂上的互動，也可能包含某些讓學生家長和社區成員主動參與的特定策略（Reeves, 2002b）。

凝聚焦點

其次，教育體制的領導者應提供辦學的焦點。這本書或其他企圖改善教育成就的相關資料所面臨的最嚴峻考驗，就是它必須能鼓舞讀者去創作一份「絕對不可做（"not to do" list）」（Collins, 2001）的清單，而非在老師和學校領導者的背上再增加一項額外的創新計畫。「對於創新計畫產生疲憊感的法則」是令人無法抗拒的現象（Reeves, 2002b）：每個新增加的創新計畫、活動、任務、或僅單純將原有的構想擴展一下，通常都讓我們看到教育現場的工作伙伴投入越來越少的時間、比較少的經費、領導者也比較不會太過於專注在這些新構想上，老師也不太可能投入太多精力在這些一個個的創新構想。許多年來，各領域的領導者都熱切擁抱凝聚焦點的美德，即使當他們將焦點集中在發展一些與砍伐樹林（deforestation）有關的策略規劃，而未將焦點集中在改善學生的學習成就時都可看到這樣的理念。

其實目前已經有許多學校體系針對凝聚焦點的原則提出了非常優異的範例。舉例來說吧！維吉尼亞州的諾佛克公立學校體系（Norfolk）只有一個委員會強調的教育目標（Simpson, 2003）。這樣的作為和其他學校體系的作法幾乎是在天平的兩端一般，其他學校總認為辦學的品質和他們學校和學區所規劃出來的報告書的厚度有所關連。而在伊利諾州的佛力波特（譯註：Freeport，或稱爲自由港）學區，雖然他們的學校和學區的計畫書相當簡短，不過他們在教育成就和教育機會均等兩方面都有非常漂亮的進展。在印第安那波力的偉恩鎮（Wayne Township in Indianapolis），他們學區將焦點專注在為學習而肩負責任的績效制度，不僅大幅度改善一個複雜的都會區整體學生的學習成就，也同時兼顧了貧窮學生和少數民族學生的教育均等機會。

在改善辦學的焦點方面，我們提供一個「六項原則」的指引，讓學校體系的領導者可以有所參考的標竿（Reeves, 2000a; 2002b）。在這套「六項原則」的指引裡，我們清楚說明，不管是學校行政領導者、或任何組織團體如果能夠聚焦成功，那麼他們的焦點就不該超過六項。這樣的概念運用可能發生在我們針對某個個人在一天當中所應該確實執行的「優先任務」，或者是一所學校在他們學校改善計畫當中所宣稱的指標數量都不該超過六項。在測量方面有一個基本的原則，那就是與其每一年只針對許多項目進行一次測量的工作，倒不如只針對少數項目進行長期且頻繁的測量。

焦點的主要來源通常是教育委員會的委員和學區的教育局長，他們就是那些比較擅長創造新計畫，卻不太擅長終止老舊計畫的人。為了要在你們自己的學區測試這項原則的運用情況，請您在一張紙上區分兩個欄位。在左邊的欄位，請書寫著「過去五年之間就已經啓動的計畫」的標題，並且在那個標題底下將那段時間內你們學區所推動的每一項教育創新計畫都條列出來。另外在右手邊的欄位，書寫著「曾經經過審愼的檢視，然後終止執行的創新計畫」的標題，並在標題底下條列適當的相關計畫。幾乎在每一個學區裡面，我們看到的現象都是左邊的項目總是比右邊的項目明顯多出許多倍。除非你們可以運用的經費，以及你們每一天可以使用的時間都依據你們所條列的創新計畫的成長而不斷擴張，否則你們就會成為創新計畫疲憊症的當然犧牲者了。

重新定義策略性計畫

學校體系階層的領導者所需要遵循的第三個原則，就是重新定義策略性的計畫了。在許多場合我都反覆的提倡我們應該要「從策略計畫當中拯救策略性的計畫」（Reeves, 2002b）。在非常多的情況下，策略計畫都變成了單一事件，讓計畫本身成為推動的目標，而不是那項計畫想要達成的結果（譯註：舉例來說，譯者最近參與了一項能源教育的推動計畫發表會，結果當天非常熱鬧的舉辦了各種慶祝活動，主辦單位相當強調當天每一個細節都不可出錯，但是民眾眞的接受到能源教育的訊息，並且能夠開源節流了嗎？這就不是主辦單位能夠掌握的，當然就將當天活動視爲推動能源教育的主要目標）。體系的領導者必須重新定義策略性計畫，將它視為一個領導決策的持續過程，並且是根據一些和學生學習成就有關連的資訊所做的決策。以往的人們認為任何一項策略性計畫應該每隔五年「隨時更新一次」，這其實是根據一項不很準確的假設所衍生出來的。此外，每當「某項計畫」對外公開的時候，就解散了策略性計畫的委員與任務小組成員，其實讓我們清楚的瞭解到他們比較重視讓計畫書的文件公開在社會大眾的眼前，以及獲得行政主管的青睞；相對的卻讓那些可憐兮兮的執行者在毫無協助的狀況下推動計畫。在過去幾十年當中存在著一個關於「領導統御／管理經營」的二分法作為，那其實是根據一項傲慢自大的推理，認為領導者就應該具有偉大的思想，能夠發展宏偉的視野，也可以創造厚實的計畫書等等，然而單純的管理者（這裡對於管理者的詮釋就是「校長和老師」）就是要將那些宏偉的視野和計畫給實現的人。實際上，領導者就需要樂意捲起袖子，親自「撩」下去，實際參與最基層的工作，或是和幼稚園的孩童一起坐在地板上閒聊，或為一位臨時請假的化學老師代課，或是擔負起放學時的導護工作，或在下課時間巡視學校的走廊，乃至於在一大早給學校校車的司機端來一杯熱騰騰的咖啡。

對於重新界定策略性計畫的要求，並不意味著學校或學區應該放棄策略性的計畫，或者策略性計畫這樣的概念不重要。相對的，這樣的要求是期望策略性的計畫不是單純的將社區任務小組成員認為重要的每一個項目都累積在一起。最有效的策略性計畫其實是因為他們所包含的實質對於學校經營有所貢獻，而絕對不是因為計畫書寫得厚厚的一本就可以成為有效率的策略性計畫（譯註：提到這裡就想到國內各個師資培育機構在舉辦年度研討會的時候，經常比較成果發表的論文總數和計畫成果的總頁碼，似乎重量比質量來得重要多了）。如果您所服務的學校體系已經擁有一套策略性計畫，哪麼請您自我想想如何進行才能夠針對您所服務的學校的計畫書進行塑身的工作。如果您所服務的學校體系從來都沒有一套策略性計畫，也想投入經費來發展一套計畫時，那麼或許就是您可以自我挑戰，透過學校體系內的人員來發展少數幾項經過精挑細選的目標，看看你們的能力是否能夠超越由學校以外的專家所撰寫的計畫來得更有效果呢！

創造完備的績效體制

對於一個體制階層的領導統御還有第四項需要劍及履及去執行的項目，那就是要創造一套完備的績效體制（Reeves, 2001a）。完備的績效體制的前題認為教育績效體制當然遠超過測驗成績的範圍和內容。雖然測驗成績長久以來就是教育和政治範疇中相當重要的一個部分，不過單獨強調測驗成績當作教育品質的唯一重要指標，其實是根據一項在企業界錯誤的類比所產生的。在企業界有時候我們瞭解到「結果」是測驗成就的唯一工具（譯註：通常企業界之間的整合、併吞只強調結果，鮮少去著重過程。不過目前越來越多的企業界已經重視過程的重要性了。）在一九九〇年代，股票市場相當繁榮的時代，類似這樣的類比經常是受到人們讚揚的，人們通常也是將企業經營的結果（例如股價和年度總盈餘），視為企業經營品質的指標。在那個年代，最重要的就是股價的底線，而其他因素，像是一路惡化的員工基礎、年度總盈餘的重複聲明、以及會計方面違法的行為等等，都被視為不很重要的小麻煩，只要股價與年度總盈餘不斷升高，就是股票市場的品質保證了。就在那個關鍵時刻，我們看到了 Enron 公司與一大堆比較沒有那麼著名的公司行號所發生的財務災難，在非常短暫的時間內將股票持有人手上的股價砍殺了一兆美金的現值（譯註：國內的股票族熟悉的字眼就是「轉眼間變成了壁紙」）。這本書的讀者當中應該有許多人在以往幾年都沒有注意股票市場，然而當你們看到 Enron 的現象時，通常會以一種非常不能理解的表情看待這件事情，然後也發現退休金跟著縮水，大學儲蓄計畫幾乎憑空消失，而且將企業界某些人的違法行為所帶來的後果，從會議室帶回家，進一步讓家庭以外的醜聞影響家庭生活。當這個大災難擴散它的影響層面時，才讓我們瞭解到原來股票市場根本就是一場泡沫經濟的幻影。這時候人們才將注意力的焦點集中在曾經發生過的警告訊號，經過審慎的回顧之後，人們更瞭解到那些訊號是多麼豐沛、清晰。

每一位政策決策者對於Enron的現象，以及它所造成的餘波，都需要擔負起一些責任，因為我們已經理解到如果我們還繼續將測驗的成績代表教育績效的唯一指標，那麼我們當然就無可避免的也會在教育界製造出許多「教育界的 Enron」，也就是說某一個機構（可能是一所學校、學區、乃至於整個州），或許因為他們持續上升的測驗成績而獲得社會大眾的信任，也可能在非常短暫的時間內垮臺。那些影響深遠的項目或許是教育版的會計違法行為，不過這樣的垮臺很可能並不是因為有人懷有惡意的行為所衍生出來的，而是有些人以理性的行為所帶來的災難。

依據史金納博士（Skinner）的行為主義觀點來分析，理性的行為將會主動找尋獎勵而盡量避免受到處罰。因此，某些可以改善測驗成績的行為將會受到寬容，就像是公司的執行者因為擁有不斷高昇的股票價值而變得放浪不拘，最後導致他們的實際盈餘變為一場幻影。當然，對於一個長久在教育界服務的伙伴，我們知道底下這些因素幾乎毫無疑問的會帶來飆高的測驗成績：

- 比較高的中輟率，特別是那些來自貧窮家庭和少數民族的學生。
- 將比較多的學生歸類為「有特殊需求的學生」族群，因為只要是特殊教育的兒童，他們就可以合情合理的接受替代性的評量方式，或是將他們完全排除在州政府所要求的評量項目（因為部分學生屬於特殊學童而限制某些特殊學童參與測驗的州政府將會受到嚴格的挑戰；這是因為有越來越多的律師專門和學區進行法庭上的訴訟行為，這些學區原則上遵守州政府測驗的綱要，而非聯邦政府對於特殊需求學童的要求。）

- 減少主科以外的課堂，包含世界各國的語文、音樂、美勞、體育、與科技等等科目（譯註：這一點和國內早期爲了升學，而將這些主科以外的科目都拿來上主科的數學、語文等等科目乃一樣的作爲）。
- 跨學區去招募一些具有潛能，可以在測驗時表現傑出的學生（譯註：國內一些學校就採用這種模式，特別是國中部分，更有國中在招募新生時，採用考試制度來取材）；使用網路教學的課堂（譯註：類似國內數位學堂的模式，進行補習班類型的教學）；學生只要考試成績優秀就好，對於學生上課出席率不太計較；或是針對特殊民族和語文方面的少數民族的學生比較有利的「肯定性的行為」之類的某些政策；或是一些高社經地位的學生；或是在學校以外的教育經驗早就讓他們能夠輕鬆獲得高分數的學生族群等等。
- 將一些成績不好的學生以策略性的方式集中在一起，因此就可以將任何州政府或聯邦政府指責的矛頭集中，認為就是少數幾所可以預期的「問題」學校，才會衍生出這些有低成就學生的墮落學校。這些策略通常受到「零容忍度（zero-tolerance policies of discipline）」的紀律政策的支持，因為那些政策強調當學校中低成就的學生有違法行為時，學校就有權力可以將那些違法的學生轉移到其他學校去處理。

- 降低「符合標準」的定義，這樣一來，嚴格要求就會逐漸被怠惰所取代，而能力則會被測驗時的表現所取代，有時候只是在測驗時隨意猜對或猜錯，就可能決定學生最後的成績（譯註：這一點和國內的基本學力測驗在後段學生的考試成績相當有關係，由於基本學力採用選擇題，所以學生隨便猜題都可以得到 1/4 以上的成績）。換言之，標示某種實作表現的作為，將會比學生在那項實作方面的表現還要重要，而且通常在回溯性的回顧時才會發生。最諷刺的現象，就是當我們全國正邁向國家課程標準的時刻，將會因為新課程讓學校師生不適應而產生比較差的學生學習成就。從鐘形理論來分析，就會推論學生素質越來越差，然後國家課程標準就會降低原先的挑戰程度，而這樣的作為，又會惡性循環以導致比較差的成績表現，最後當然讓課程制訂者再一次降低課程的期望與挑戰。然而，實作表現成績的下滑根本就不很恰當，因為實作表現的標準制訂其實是回應社會大眾要求我們要讓比較多學生成為專家的期望。

我真誠的希望上面所提到的觀點是錯誤的，或許讀者在這本書問世後的兩、三年，就可以嘲弄我的悲觀說明。不過因為這些現象的範例早就已經存在，所以很可能當人們在兩、三年後回顧這些現象時，才會發現我上面所條列的計謀還不夠詳實呢！

就誠如股票市場的觀察家，將企業是否成功的標準，簡化為愚蠢的短期獲利行為與股票的價格一般，教育界的伙伴和其他人對於教育績效也應該有一個更好的方式來評估。完備的績效體制就是這樣的一種替代方案。就像是有效率的企業績效會考慮收入盈餘背後的因素，完備的績效也會考慮卓越教育的蹤影，包含底下這些因素：

- 教學實務工作，包含評量、回饋、及老師與老師之間的協同合作等。
- 課程的實務工作，包含讓每一個學生都擁有均等的機會可以選修進階的課程。
- 領導統御的實務工作，包含在學校或學區運用資源，支持最優先的教育項目。在一個最理想的狀況下，完備的教育績效除了包含老師和行政人員所做的工作之外，還考慮教育委員會成員、和其他政策制訂者所做的行為（Simpson, 2003）。
- 家長的參與投入，包含了參與學校義工組織所舉辦的活動，也可以考慮在家庭和社區所推動的獨立活動。
- 教職員工的溝通管道，包含跨學年和跨學科之間的教職員工之間協同合作。
- 教師專業發展的課程，包含研讀各種研究、教學法、評量方式、以及課程內容之研究報告。

在其他出版品當中，我詳實的說明了在一個完備的績效制度下可以使用的各種變因（Reeves, 2000a; 2001a; 2002b; 2002d）。在這裡我想要說的就是有效運作的學校體系明瞭因果之間的差別，也知道測驗成績、和卓越表現所代表的意義之間的差別。

為學習負責的績效：有效實務工作的個案研究

諾佛克公立學校體制是一個擁有三萬四千多人的複雜都會型體系，他們擁有67%的學生屬於少數民族的學生。維吉尼亞州是採用挑戰性課程要求的少數幾州當中的一州，他們詳細規範測驗的要求，在一九九〇年舉辦的第一次測驗結果相當慘兮兮。貧窮的都會學區（或像是在維吉尼亞州所說的學校學區）因為在第一次測驗的表現結果不好，更是受到社會大眾無情的冷嘲熱諷。許多測驗評論家更是直接表達這樣的成績表現，說明了這種挑戰性課程根本就是不可能達成的任務，而且這種挑戰性的課程先天上對於那些來自於貧窮和少數民族的學生就有偏見。雖然那些評論家原先的意圖，絕對不是以種族歧視的觀點出發，不過他們的訊息卻是那麼的清晰明白：那些來自於貧窮家庭和少數民族家庭的孩子就是無法學習。那種社經地位決定人的一生的潛意識，顯然毫無疑問的表露了出來。幸運的，在諾佛克服務的老師和行政人員不相信這樣的觀點。這個活力十足的學區所表現出來的結果，就誠如學區教育局長，約翰・辛普生所說的：

就像是它所處的城市一樣，諾佛克公立學校，也是維吉尼亞州第一個公立學校體制，曾經經歷過各種艱困的挑戰。它是一個都會型的學區，學區內有非常多樣化的人口：67%的學生是黑人，只有28%的學生是白種人。超過65%的學生可以享用免費的午餐，或減價的午餐……不過，我們有……

- 我們學校的學生 100%符合州政府在每一個學年所要求的寫作標竿。
- 在高中生方面，100%的學生符合州政府在化學方面的標竿要求。
- 100%的國中在地球科學方面完全達到公認的標準。
- 100%的國中和高中在閱讀、文學和研究方面都展現了正向的趨勢。

雖然我們的學校在三、五、八年級已經縮小白種人和黑人學生之間的學習成就差距，不過兩個族群的學生都有持續進步的表現。學校也報告他們在訓導問題方面減少了 15%的工作，在長時間處罰方面的人數則減少了 14%，至於受到開除處分的學生人數更是減少了 66%。

除此之外，我們有兩所學校達到所謂的 90/90/90 的標竿。這些學校有超過90%的學生符合免費午餐和減價午餐的機會，還有超過90%的學生是少數民族的學生，更有超過90%的學生符合州政府所頒訂的挑戰性課程標準所施測的測驗（Simpson, 2003, pp. 43-44）〔譯註：關於美國國家課程邁向挑戰性課程的理論，請參考譯者與瑞芳地區老師共同翻譯審定的《學校課程的決定》（*The Governance of Curriculum*, 2005年，心理出版社）。該書詳細描述美國在九〇年代初期發展國家課程標準的歷程〕。

超越單純的測驗成績

在諾佛克公立學校工作的心理期望是學校體制內的老師比學生要盡到更多的責任。因此當我們發現在發展績效制度的第一個步驟就是為教育委員會建立績效指標，同時教育委員會也願意將那些指標的成果，盡可能以他們提供給每一位學生的成績單一樣的方式，公開給社會大眾瞭解績效考核的成果（Reeves, 2002d）時，就一點也不令人感到意外了。此外，中央辦公室的每一個部門，從交通通勤部門，到教務學管部門，從食品的提供到評量的部門，從遊憩部門到財政部門，都需要繳交部門的績效指標，以便瞭解每一個部門和學生在測驗時所得到的成績有何關連（譯註：也就是說學生所拿到的成績單不僅只是一堆成績的數目字而已，還有這些部門的績效報告）。實際上，每一個中央辦公室的部門，以及每一位教育委員會的委員都需要例行性的檢視他們的決定，和領導行為到底和學生與老師的需求有何關連性。

維吉尼亞州的每一所學校都必須呈報他們學生接受測驗的成績單——這是依據州政府的法規要求，沒有可以爭辯的餘地。不過在諾佛克學區，和其他採用建設性績效制度的學區，每一所學校在呈報學生受測的成績時，也一併繳交許多學校本位的指標項目，都是和教師的教學行為、領導者的領導決策、課程的政策有所關連的項目。每一個學校的老師、行政人員、以及社會大眾都可以隨時找到這些學校的文件，這樣的作為是要讓每一所學校的老師、和校長可以從他們的同儕所使用的最佳實務工作獲得學習的機會。他們可以辨識出哪些學校與班級在受測時獲得顯著的成績提升現象，然後進一步詢問：「他們到底作了哪些和一般教師不一樣的事情呢？」以及「他們學校所提供的專業實務和改善學生學習成就之間有何關連呢？」

在二〇〇二到二〇〇三的學年度初期剛開始的時候，我針對諾佛克學區的每一所學校所繳交的報告進行詳細的檢視，並且一邊檢視，一邊提出上面所提到的問題。最特別的，是在整個檢視過程當中，我發現有些學校的測驗成績，在語文、數學、自然科學、與社會科等科目的成績表現上提升了 20%，甚至更多的百分比例。我很好奇這些學校和這個學區其他沒有達到這個水準的學校是否有顯著的差異表現。那些在成績表現上有最顯著提升的學校在人口變項上並不是同一個類型，他們包含了極度貧窮的學生族群，以及不怎麼貧困的學生族群。另一方面，在財政的支持、教職員工的學經歷背景、教師聯盟的協議、中央辦公室對於學校的支持也都非常相似。因此，學生的人口學變項，與外界在經費預算與人力協商兩方面都無法解釋這些學校異常的差異表現。所以我在這裡推論，改善學生學業成就的關鍵其實是老師和領導者的專業實務工作，絕不是單純的經濟、種族、或是學生在語文能力的差異可以決定的。

雖然我們很確定，任何形式的高效率組織團體都共同享有許多其他方面的特質，不過諾佛克學區所採用的績效制度提供給我們的是一個洞見的機會，可以讓我們發現他們有許多可以量測的指標項目，是和大幅度改善學生的學習成就有關連。這些特質也清楚的說明成功的績效考核不是完全由中央辦公室的「績效考核部門」可以一肩扛起來的責任，而是整個系統內的許多階層共同分享的責任。檢視諾佛克學區的績效制度，就可以清楚的揭示這個學區裡面改善學生學習成就的學校，與其他研究者針對一些成功的學校所進行的研究成果之間，有非常明顯的相似性，這當然也包含了我在過去幾年當中在其他學區所進行的觀察結果。底下這些段落說明一些在學業成就上有大幅度改善的學校共同擁有的九項特質。

協同合作的影響

首先，學校提供老師協同合作的時間。這不是單純的讓老師在那裡虛度光陰的閒聊，或是和學校同仁以一種友善的方式結交朋友的模式而已。相對的，有意義的協同合作會議必須要求老師檢視學生的作業，並且共同決定學生的作業品質到達哪個水準才能夠獲得「精熟」的等級。剛開始的時候，老師們會相當意外的發現同樣一份學生的作品，由不同的老師進行評鑑時，卻可以有完全不一樣的評比等級。在接下來的好幾次連續協同合作會議時——最有效率的學校會提供更頻繁的機會讓老師參與協同合作評鑑學生的作品，有時候甚至會每一天都進行這樣的練習工作——逐漸的，老師們同意學生的作品品質當中的某些特質，值得那樣的等第評比之後，就會縮小他們對於學生作品評鑑的差異程度了。

那麼，我們接下來要問的問題就是這些學校到底從哪裡偷來的時間，才能夠讓老師進行有效的協同合作練習呢？這些學校當中沒有任何一所學校在預算方面有額外的經費，或是每一天有額外的工作時數。相對的，他們運用他們原先就已經有的時間來運作這項練習，只是將焦點刻意集中在協同評鑑學生的作業、作品的練習。例如，有些校長將他們學校的教職員工會議時間改為「沒有任何事項宣布的區域（announcement-free zones）」。與其在這些教職員工會議的寶貴時間裡，逐條逐項的宣布一些公告事項（當然就無可避免的會有人提出建議與爭議的事項），並讓參與會議的人員覺得浪費時間，他們決定資訊的傳達只要透過書面資料的使用就好了。這樣的決策讓以前用來宣布公告事項的時間，可以完全投入協同合作的練習（譯註：看到這樣的觀點，譯者只能夠羨慕這些學校決策者的聰明智慧。一般學校的行政會議頂多就是公告許多事情，然後真的就是逐條逐項的一一唸過去。如果參與者有任何不同的意見，就會讓會議變得更加冗長。所以多數參與者學會了不要浪費自己的青春在這種會議上面）。這些校長和他們的學校教職員工簡直就是站在同一條陣線上打拼，然後讓那些熟悉協同合作評鑑學生作品的老師，輪流擔任教職員工會議的主席。協同合作練習的其他可能時間，就是在學校進行的專業發展會議的時間（譯註：這相當於國內國民小學每一個星期三的周三進修時間）。與其由外面那些學者專家來介紹一些新的理念，這個專業發展的研習活動有相當比例的時間投入在協同合作評鑑學生作品、作業上。這些教育界的伙伴清楚的瞭解到協同合作評鑑、評分絕對不是一項簡單的挑戰工作。另一方面，他們也都瞭解到這樣的一項能力需要時間練習，才能夠逐漸精熟。因此這些令人驚訝的高效率學校並沒有所謂的「協同合作日」或一個「協同合作工作坊」，而是將協同合作評鑑、評分學生作品、作業，當作他們每一天的一項例行性工作。

回饋的重要性

其次，顯著改善學生學習成就的那些學校，針對每一位學生提供遠比典型的成績單還要頻繁的回饋。與他們那些在音樂與體育方面最成功的教練一樣，這些老師在事件發生的當下，立刻提供回饋的意見給他們的學生。他們深深的瞭解到一位籃球教練不會在他的籃球隊員差勁的投籃動作九個星期之後，才給那位球員一項有效的跳球投籃動作的暗示；同理，一位優秀的音樂老師在發現學生拉小提琴左手位置不正確的時候，也不會在幾個星期之後才告訴學生這項錯誤；相對的，運動教練與音樂家提供的回饋都是立即性的精確回饋。在某些個案當中，老師採用了一個分類的方式來進行這類的教學活動；針對那些已經熟練的學生，以及能夠自我練習的學生，他們只提供傳統的成績單，但是對於那些還正在努力求生存的學生，則提供每個星期一次的成績單。他們使用這種回饋機制的方式，和羅伯特·瑪桑諾（Robert Marzano）與他的同事所得到的研究結果前後呼應著。瑪桑諾和他的同事進行了一次後設分析的研究指出，回饋的機制對於學生的學習成就有深遠的影響力，不過回饋必須是即時的、精確的、也要明確的說明特定的建議方向（Marzano, Pickering, & Pollock, 2001）。這些老師在回饋的精確程度上的重視是非常值得注意的。不像我們一般在平常教室看得到的那種回饋機制，老師只想要找尋到具有正確答案的學生的模式（Foersterling & Morgenstern, 2002），那些在測驗成績表現令人刮眼相看，有顯著提升的學生從他們的老師所獲得的回饋總是非常精確的說明，指出學生實作表現與清楚明確的期望之間的不同點。

時間的影響力

第三點，即使他們所面對的是相同的經費預算、州政府的法規要求、教師聯盟的合約、以及整個學區其他學校也都同樣面臨的限制條件，大幅度改善學生學習成就的學校在他們學校的日課表上作了戲劇性的變化。在小學階段，他們以常態的方式每一天花三個小時的時間進行語文素養的栽培，這當中有兩個小時花在閱讀上面，其餘的一個小時則是用在寫作的課程上。在中學部分，每當學生上到數學和英文這兩門課，總是採用兩堂課合在一起的模式進行教學（譯註：一般稱這種模式爲「區塊時間（block schedule）」，就是連著上兩堂數學，或是連著上兩堂英文課，免得學生總是剛被老師引起動機之後，就下課了）。他們這麼做不是將其他學科上課時間減少，而增加英文與數學課堂的那種騙局。相對的，它代表著學校將真實的提升數學與英文課的教學時數。教學時數的關鍵重要性絕對不是一個嶄新的構想，不過在絕大多數學校裡，和教學時數有關連的日課表簡直就像是學校對國家忠貞、憲法規定、與大憲章（譯註：Pledge of Allegiance, the Constitution, and the Magna Carta combined。一般教育相關文獻鮮少提到這些和美國法規比較有關連的字眼。這裡講的就是許多學校都以「按表操課」當作他們學校沒有觸犯法規的先決條件。當然早年國內許多學校都將非主科的上課時間挪出來進行主科教學的工作。不過在教育鬆綁之後，我們還是很少看到國內有哪些學校進行區塊時間的整合。更多學校以「國小學生的專注力不長，所以一堂課以不超過四十分爲上限」。其實兒童在沙坑、電動玩具、與好伙伴一起玩的時候都遠超過四十分鐘。他們專注力不長是因爲目前的課程無法引起他們的青睞所引起的現象）的結合一樣的頑固不通。一項有趣的發現則是我們看到這項針對語文素養，而在教學課堂的教學時間給予承諾，竟然發生在一個針對社會科與自然科學進行測驗的州。這些老師和校長改變教學日課表的原因，其實不是他們想要透過語文的強調來犧牲自然科學與社會科的學習，相對的，他們認為語文素養的提升對於每一位學生在每一個領域的成功與否都是非常關鍵性的影響因素。

行動研究與中途的修正措施

第四項措施，老師要參與成功的行動研究與中途的修正（譯註：這裡所提到的成功的行動研究並不是指行動研究的成果一定要成功，而是能夠從錯誤當中學到教訓的成功機制）。在那些獲得最大幅度改善學生學習成就的學校當中，績效計畫絕對不是從學年剛開始進行就安分的展示出來的靜態書面資料，而是高度的動態與富有彈性的引導方針。這些學校隨時隨地都會向中央辦公室要求更改那些無效的目標與策略，然後展開具有希望的新計畫。此外，這些教職員工與領導者從彼此身上學習各種教訓。他們承諾推動行動研究的一項具體說明可以用中等教育階層所使用的「字牆（譯註：word walls，國內目前也有少部分教室開始運用類似的策略，例如在某一面牆壁懸掛幾面小白板，讓學生可以在自由時間內隨時將一些有深度的數學題目寫在白板上，考考同班的同學。但是在全面運用字牆方面，多數學校仍然擔心「教室布置」的要求和這項策略會相互牴觸而不敢進行這種策略）」來表達。由於學校改善計畫的資料、與改善那些學習成果的教學技巧，在一個完備的績效制度下是完全公開透明的，所以如果某些老師的學生獲得非常亮麗的成就時，就會受到整個體制內其他同事的各式問題，想要清楚瞭解他們的成功秘訣。這個個案就是當國小老師公開說明他們的學生在字彙與閱讀理解兩個項目上有顯著的改善，主要是因為他們在小學採用「字牆」的策略，所以中等教育的自然科老師與社會科老師也決定要採用這樣的構想來改善他們學生的學習成就。他們創造了一面面的牆壁，展示了關鍵必要的科學字彙與社會科相關的字彙，有時候還會添加一些生動活潑的視覺圖片來吸引學生注意，他們也在一整年的教學活動過程中，都使用這一面面的牆壁。在其他有效的行動研究範例當中，有些老師從其他老師那裡學習複製他們的寫作評分指標，跨學科的評量，以及學生的學習動機等等。

讓老師能夠適才適用在不同年級擔任教職

這是第五項要素，校長通常是決定老師任教年級/課程的人物。有些研究者指出當一個學校的學生接受測驗時，如果表現不佳，整個學校就應該進行重組，整體的教職員工也應該先予解聘。然而在眾多的觀察當中，我發現校長很可能只要將學校裡面的老師重新分配工作，讓他們在不同的年級任教就可以獲得令人激賞的勝利。讓我們先來考慮過去這十年當中，我們的課程到底發生了哪些變化——特別是針對四年級到六年級的課程發展。我們必須承認的事實就是課程變得越來越複雜，特別是在數學與自然科學兩個領域，所以我們或許會假設在相對應的師資培育機構（譯註：原文為 undergraduate curriculum of the teachers responsible for those grades，主要是因為美國境內幾乎已經沒有單獨獨立的師資培育機構，通常涵蓋在一般的大學院校裡面。讓一般大學生選修教育學程的模式獲得教育學分。非常類似國內目前各大專院校在推動的教育學程，可惜國內大專院校的教育學程通常充滿了研究所的學生，而鮮少有大學部的學生擠得進教育學程的範圍）也跟著改變他們的課程訓練。那些假設有時候會非常離譜的錯誤。當四年級的課程要求學生理解代數與科學探究的態度時，偏偏老師們在師資培育機構並沒有涵蓋那些課程，所以在教導四年級學生數學和自然科學的時候，就形成課程挑戰老師能力的機會，這樣的挑戰絕對不是一個一天的研習，或僅是針對某個學科領域進行研習活動就可以解決的挑戰性問題（譯註：這一點倒眞是一針見血的建議。國內目前也正好在推動九年一貫的課程，不過各個師資培育機構通常藉著「教育乃百年大計，不可因爲短暫的教育改革而改變科系的課程架構」來回應這個劃時代的課程改革工程。許多畢業的陽春老師對於九年一貫也不熟悉，就和許多資深教師同時接受密集的九年一貫課程研習。結果就是上有政策，下有對策的對應了政府的要求，但是教室裡面的教學卻還是和以往的教學沒有什麼兩樣）。如果有些老師在師資培育機構所接受的訓練和他們在真實的學校所教導的課程無關，他們絕對不是壞人，也不是不夠專業的教育伙伴。相對的，他們在師資培育機構所接受的訓練應該讓他們去擔任不同年級的課程教導才能夠發揮適才適任的功能。高效率的領導者知道他們應該執行的工作，不是去「修理」這樣的老師，相對的，他們應該執行的工作是找尋一項工作（以及配套的標準）盡可能符合這些老師的能力與訓練背景（譯註：這裡主要是說明校長或相關行政人員應該爲這些老師找尋適合他們才能的年級或課程，讓這樣的老師能夠發揮潛能）。一旦這些校長作了這種決定性的判斷，將老師們的能力與訓練背景作適當的調配之後，他們不僅把這些老師從每一天水深火熱的教學現場解救出來，還可以相當大幅度的改善學生的學習成就，不是一舉二得的營造成一個雙贏的局面嗎？

建設性的資料分析工作

第六項要求，成功的學校將辦學的焦點以重點式策略集中在多元管道收集學生的資料上，而且他們會特別集中焦點探究學生在各方面表現有關連的資料。他們幾乎不會想要比較去年四年級學生的受測成績表現與今年四年級學生的受測成績的表現結果（在多數的情況下，這根本是兩群完全不同來源的學生族群），他們強調的應該是比較同一批學生在不同時間的成績表現。他們最在乎的問題不是「今年的學生和去年的學生有哪樣的不同點呢？」相對的，他們通常會提出來的問題比較接近底下的問題：

- 「和前一年相比較時，某一個族群的學生有多少百分比達到精熟的程度呢？」
- 「如果我們將今年和一年前同一批學生接受測驗的成績拿出來分析，到底有多少百分比的學生在這一年當中，在閱讀方面成長了一年或一年以上的程度呢？」
- 「在我們的學生當中有些人在一年前還不精熟於閱讀的要求，他們當中有多少百分比的學生已經可以熟練的閱讀呢？」
- 「一年前就已經可以熟練閱讀的學生人數當中，有多少百分比的學生現在已經邁入高階層的閱讀程度呢？」

簡單的說，這些老師在比較學生的學習成就時，是將同一批學生的成長進行比較，而不是將不同學生族群來比較。這樣的分析讓老師可以將他們的教學策略聚焦到他們學生的需求上，而不是空泛的想要針對某個教學方法來改善。

共同進行評量與評鑑

第七項要求，在學生成就改善程度最多的學校，幾乎都堅持使用共同的評量、評鑑方式。對於教育界現在的情況來說，這樣的提議顯然是一個相當危險的建議，主要是因為目前教育界早就充滿著一個觀點，那就是我們的學生已經被過度的測驗了。不過我們要確定的一點就是，學生確實被過度的測驗了，但在真實理解學生的學習過程這一項上（譯註：To be sure, many students are overtested, but they are underassessed，原文用了兩個和評量有關連的字眼，一個為 tested，另外一個為 assessed，分別為測驗和評量），顯然我們做得不夠好。測驗和評量之間的差別必須相當徹底。測驗通常是指在年度結束的時候，我們進行一項總結性的評量過程，在那項評量時，我們會給學生一張考試卷，接著在幾個月之後，將他們接受測驗的成績公布在報章雜誌上，讓整個社區的民眾都瞭解學生的成績分布情況，政策制訂者也可以透過這些資料來判斷目前教育的方向是否需要修正，或是繼續維持下去。不過當我們在媒體上看到這些資料公布的時候，通常已是幾個月之後，對於那些接受測驗的學生和他們的老師而言，也早就已經成為不堪回首的往事了。如果我們將這樣的作為和評量最佳的實務工作相互比較，也就是當我們要求學生要完成一項任務，而且在非常短的時間內——通常是在幾分鐘、幾小時、或幾天之內——他們就會收到我們提供給他們改善實作表現的回饋意見了。誠如我們在前面所提到的，有效率的評量就是那些偉大的音樂教育伙伴，以及運動教練都會提供給學生的回饋動作。此外，偉大的教育伙伴也使用評量資料來進行立即的決定，並且依據這樣的決定來重新架構他們的教學活動等等。例如，田徑賽的教練不會使用前一年的資料來決定今年接力賽的團員名冊，甚至挑選學生來參加州內最後的決賽。最近幾次選手所跑出來的成績遠比前一年的成績來得重要許多。相同的，以學校本位方式進行的評量所得到的上半學期的資料也遠比去年的測驗成績來得重要多了。共同的評量也提供老師對於學生學習成就上某種程度的一致性意見，這對於我們的基本價值觀是相當關鍵的重要性與公平性。雖然個別的老師在每一天、每一小時的教學、重新教學等方面都應該能夠進行獨立的判斷，也因為這樣的判斷才能夠協助學生個別的需求。他們沒有權力可以假設他們的學生「根本就無法達到這樣的要求」。針對主要科目進行共同的評量、評鑑可以讓老師在每一天的教學過程中，擁有獨立的判斷和獨立性，不過也同時可以兼顧整個學校對於均等教育與對於學生一致性期望的承諾。

整個體制內每一位成年人的重要性

第八項要求，在這些成功運作的學校當中，他們都運用了學校裡面每一位成年人的這項優勢資源。在完備的績效制度底下，整個體制裡的每一個成年人在專業成長的機制方面，都需要擔負起一些共同的責任。在少數相當優異的個案當中，每一位雇員，包含學校校車的司機、餐廳員工都能夠獲得學校全體學生的尊重。當學校針對教室經營與學生行為等項目舉辦專業發展研習時，學校也會要求這些雇員參與這類型的研習活動。學校的領導者瞭解到學生每一天的活動絕對不是從教室的學習開始，而是從他們一搭上校車，或是在他們享用免費的早餐時就已經開始他們一天的生活了。一旦學校承諾他們整個體制將會對學校裡每一個成年人的教育與行為有所要求，那麼這些領導者要確定每一位教職員工，包含了學校校車的司機、到學校餐廳員工、到每一間教室的老師，都能夠在學生的眼裡成為有份量的成年領導者。這些成年人對於學生的行為、懲戒、獎賞進行雙向互動時，所使用的語言都必須相當一致，這樣的結果才會有深刻的影響力。這樣的作為除了在學生的學習成就上面有所提升以外，這些學校在努力改善學生的行為方面，也都獲得大幅度的改善，包含學生在校車裡面的不良行為降低了，當然學校也同時降低了學生在教室以外的地方產生不良行為的可能性。

針對完備的績效制度進行檢視的工作，讓每一位教職員工卓越的實作表現有機會受到肯定，包含學校裡的護士、圖書館／媒體中心的專家、學校秘書、清潔工、輔導人員、心理學家、警衛、以及許許多多其他沒有在這裡提到的無名英雄，由於他們的卓越表現，才讓學校的學生在學習成就方面有大幅度改善的可能性。不過在傳統的績效報告中，他們的努力都是隱形的，完全沒有受到該有的尊重。完備的績效對於成功運作的學校，並不是要提供一套他們成功的切割模式（譯註：這裡強調的是完備的模式不是可以切割來分析的，必須整體考量），而是要瞭解學生在成功獲得成就表現的過程，體制內每一位成年人對於學生是如何發揮他們那種卓越的影響力。

跨學科的統整

第九項要求，在多數成功的學校當中，他們通常會將一些在傳統績效制度底下受到忽視的科目，以明確的方式整合在一起——例如他們會將音樂、美勞、體育、世界語言、科技與技術、職業教育、消費者教育與家庭教育、以及許多這些主題所衍生出來的各式各樣的課程，都想辦法整理在一起。分析完備績效制度的資料就會發現，當我們將這些看起來像是邊緣課程的科目整合在學科成就的報告，既不令人意外，也不是一件微不足道的作為。相對的，一個經過精心設計的策略，將這些科目整合在一起，還可以改善每一位學生的學業成就呢！幾個範例可以為這個觀點做進一步的說明。老師會合在一起，以深度的方式仔細的檢視學生在學業成就上的資料，包含一些次項目的得分情形。這類型的討論不是單純提到「數學的得分相當低」這類型的問題，而是「學生在這次測驗的某個次項目所得到的分數告訴我們，我們需要再進一步加強分數、比例、以及測量的教學活動」。這樣的討論讓音樂老師瞭解到他們可以進一步發展教學活動讓學生瞭解到全音符、二分音符、四分音符之間的關係。美勞老師可以針對透視圖與其他藝術作品的呈現模式，讓學生明確瞭解尺規的使用。體育老師

則可以允許學生在一公釐與一公里的跑步之間挑選一項要求來進行，這樣當學生作了錯誤的選擇之後，就可以讓他們一輩子都記得那一堂課的學習。（譯註：這裡用到一公釐的跑步，乍看之下相當懷疑作者寫錯了，不過想一想有誰可以跑出一公釐的距離呢？）

在諾佛克學區，我們發現他們進行了一項令人震撼的協同合作模式：他們的音樂老師、美勞老師、與體育老師採用協同的模式教導社會科一個和非洲研究有關連的單元，以及讓學生認識一個叫做馬利（Mali）的西非國家，那是他們學校的許多學生老祖先的出生地。老師們使用了舞蹈、文學作品、單字字彙、地理、歷史、歌曲、與一些迷人的活動，讓整個教學活動跨越了原先課程的界線來進行。更重要的，他們的老師將這個教學活動從原先期末考籠罩的陰沈氛圍的學習，轉化為一整個學期的學習項目。所以當我們看到這些學生在州政府所舉辦的社會科測驗獲得顯著成績改善時，是一點也不令我們感到意外的發現了。

其他都會型學校成功的範例

諾佛克學區絕對不是城市地區的學區獲得成功經驗的獨立個案。在印第安那州的印第安那波里有一個叫做偉恩小鎮的大都會型學校，它也是屬於那些在學業成就上有顯著改善的學校當中的一個學區，而且在這個學區就讀的學生也以少數民族學生以及貧困的學生居多。在密蘇里州的聖路易斯都會（St. Louis, Missouri），克里斯・萊特博士和他的同事成功的在兩個學區帶領出創新的計畫，分別是河川視野花園學區（Riverview Gardens）與黑葱武德學區（Hazelwood）。現在在聖路易斯郡協同合作學區工作的約翰・歐丹尼博士（Dr. John Oldani）、與丹尼斯・多西博士（Dr. Dennis Dorsey）兩個人的帶領下，這些教學技巧對於整個聖路易斯都會區的每一所學校都有相當程度的影響力。另外，在加州的洛杉磯郡（Los Angeles County）與橘郡（Orange County）兩個都會型地區，我們看到的是都會型、郊區型、鄉村型的學區正在協同合作，以便創造出一個可以顯著提升學生學習成就的學習環境。

在偉恩小鎮學區，他們成功的個案顯得特別吸引我們的注意力，由於他們代表的不僅只是一個成功的績效制度，也是一個複雜的都會型學校能夠複製其他學區的成功經驗。偉恩小鎮學區的經驗說明了完備的績效不是單純特殊個案的成功經驗而已，相對的，它指出當一個學區想要從學區內或學區以外的地方複製一套最佳實務工作的理想是可以實現的。在偉恩小鎮學區就讀的學生，在人口學變項上應該是屬於任何一個都會型學校都擁有的類型，他們的學生使用的母語有二十六種之多，使用免費午餐與減價使用午餐的學生人數比例也高達 80%，另外他們學區裡面少數民族的學生人數越來越增加，甚至讓某些學校裡面那些少數民族的學生，反而成了學校裡面的多數族群。然而這個學區最不尋常的應該就是這個學區持續將辦學的焦點集中在每一個階層都強調協同合作、學業課程標準、以及一般類型的寫作要求上。最特別的，就是在一九九九年到二〇〇三年這段期間，學區嘗試一項非凡的創舉，他們將州政府所要求的績效制度，更進一步的加入學區本位的完備績效制度的要求。除了州政府所舉辦的測驗之外，學區在每一年的春季與秋季也針對學區內的每一位學生舉辦前測試與後測試，總計四次學區舉辦的測驗。在二〇〇二年六月結束的年度，每一個學校在數學和語文兩個領域的成就表現都有顯著的提升。此外，我們更發現到那些屬於最貧困的學校所提升的成績表現最亮眼，或許是因為那些學校在調整日課表、教學實務工作，與學校內的評量、評鑑與領導方面展示了最大的努力。因此在二〇〇二年秋季由州政府所舉辦的測驗，所得到的結果，讓我們發現每一所學校在學生接受測驗的成績表現上都有大幅度的改善現象，特別是那些最貧窮的學校所展現的是最亮麗的成就變化，就一點也不令人感到意外了。這個學區裡許多學校的測驗成績提升了20%以上的表現呢！

如果沒有建設性的績效制度在手邊可以隨時查閱，那麼這些成績上的提升表現，可能就會讓人在匆匆一瞥之下，誤以為是學區的學校為了針對州政府測驗所做的各種準備工作所得到的結果。不過事實正好為這樣的假設提出了反駁的證據。偉恩小鎮的每一所學校長期追蹤了學校裡的領導與教學實務工作，以及這方面的改變。在提升成績方面最亮眼的學校每個月、或每一個學期都會定期的使用共同的評量、評鑑工具，以便協助學生瞭解他們的學習進展情況。此外，他們例行性的將教職員工的會議，與教師專業發展的研習活動時間都投在協同合作評鑑、評量學生的作業、作品上。每一所學校都使用共同評分指標的方式來確保在實務工作上，老師和行政人員對於學生的作品、作業要達到那樣的水準才能夠稱得上「精熟」的程度。

在學區的帶領之下，每一所學校擁抱「學區最重視的標準（譯註：power standards，在這裡主要是指學區依據績效委員會的要求所條列的少數幾項標準）」的運作，所以老師可以將教學的重點集中在少數幾項學區強調的標準，而不是以「散槍打鳥」的方式針對州政府所要求的每一項標準都投入心力。在這套完備績效制度的相關研究中，這是最重要的觀察發現之一：也就是說測驗成績的提升不是因為毫無頭緒的為測驗進行各種準備工作，也不是瘋狂的涵蓋每一項標準，而是透過深思熟慮的模式，透過績效制度，鼓勵老師創造新的教學策略來針對學區最珍視的標準進行研究發展的工作與實際運用這些新的教學方式。

值得注意的應該是那些在成績表現上獲得大幅度改善的學校，並沒有刪除音樂、美勞、體育、與工藝等課程的教學活動。而是將這些課程以非常明確的方式當作每一位學生在學業方面非常重要的一部分。在那些大幅度改善成績的學校服務的這些領域課程的老師，對於數學與語文科的標準都非常熟悉，所以他們將那些標準的要求也都熟練的融入他們每一天的教學活動當中。

最後，學校的校長也親自捲起袖子「撩下去」，親自參與學生作品、作業的評量與評鑑的工作。這些學校的領導者定期和學生與學生家長聚會，針對學生成就有關連的特定學習項目進行討論。另外，校長和全校老師一樣，每一個月參與老師們對學生在數學與語文兩個學科進行共同評量、評鑑的工作。一旦改變了教職員工會議的會議焦點，校長協助全校的教職員工找到額外的時間來進行協同合作評量、評鑑學生作品、作業的時間。校長同時也鼓勵每一位老師以顯著的方式展示那些精熟與傑出學生的作品。由於這些展示的結果，每一位學生、家長、老師對於學校整體性在評分指標上的要求就產生了一個清晰明亮的理解與共識。

完備的績效制度
如何影響教育機會均等的層面

就誠如偉恩小鎮學區在改善學生的學業成就上擁有令人印象深刻的表現，他們在教育機會均等的努力也絕對是一項非凡的成就。圖 5.1 說明了貧窮狀況與學生學習成就的傳統典型相關圖。就像是在圖上所指出的一樣，貧窮程度越高的地區，就可以看到學生的學習成就越低落。從左上角往右下角延伸的直線說明了如果學生的貧窮指標（定義上是採用學生是否符合免費午餐或減價使用午餐的條件）提升的話，那麼學生的學習成就（由測驗成績來表達）就會降低。這樣的關係不是完美的負相關（-1.0），不過國內大多數的研究都呈現顯著相關的程度，例如都落在-0.6到-0.9 之間。四十幾年來在這一方面的研究大多認為學生的貧窮程度所代表的變項，至少有 90%的信心可以說明學生在接受測驗時的成績（Marzano, 2003）。如果我們在看到圖 5.1 之後，就停止這方面的思考，那麼這種主流的觀點就會在我們每一天的教學活動當中持續反應在教學的態度上。然而，透過績效的證據，我們瞭解到某些特定的教學策略、領導模式、課程策略將可以緩和貧窮變項所帶來的影響力。

圖 5.2 到圖 5.5 指出在偉恩小鎮學區裡，這種存在於學生貧窮變項與學生的學習成就之間的負相關其實不見得一定成立。雖然圖 5.4 說明了這個學區六年級的學生在語文科目的成績呈現了令人失望的負相關（-0.35），不過整個學區在貧窮變項與學生學習成就上的相關性並沒有像代表全國的圖形那麼誇張，而且在四個圖形當中的三個（三年級的語文科與數學科，以及六年級的數學科），這樣的關係其實相當扁平，看不太出來學習成就與貧窮指標有何關連性。換句話說，學校學區展示出來的成就讓我們看到貧窮變項與學生的學習成就之間的關係幾乎可以完全忽略。

圖 5.4 說明了中年級學生在語文科方面，教育均等機會仍然是一個令人關切的議題，得到的相關指數為-0.35。然而當我們比較這張圖與圖 5.1 的時候，我們發現在學生的學習成就與免費享用午餐與減價使用午餐的變項之間關係為-0.6 到-0.9 之間。這反應了這個學區雖然還沒有完全消除教育均等機會的差距，不過他們學區已經顯著降低這樣的差距了。

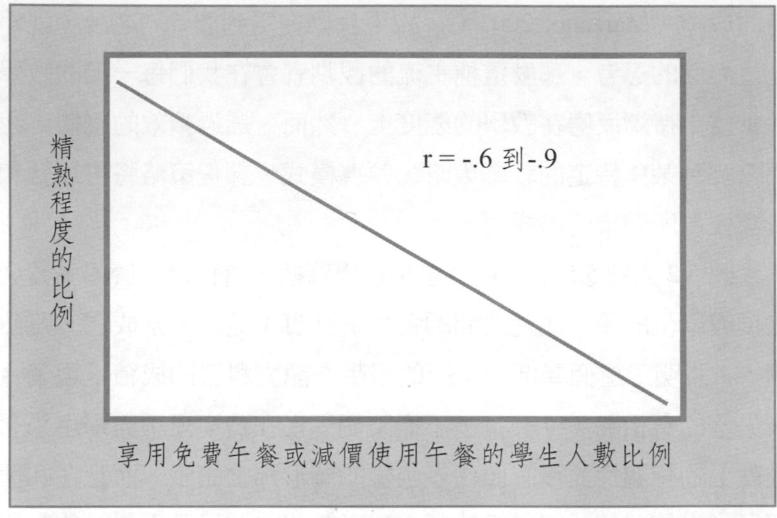

圖 5.1　貧窮程度與學生精熟的關係：全國的常模

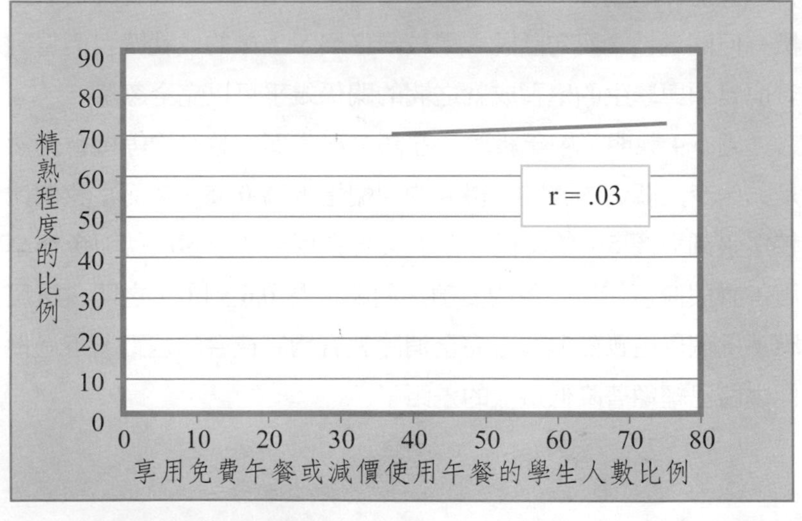

圖 5.2　偉恩小鎮三年級學生在語文科的精熟程度與他們貧窮程度之關係

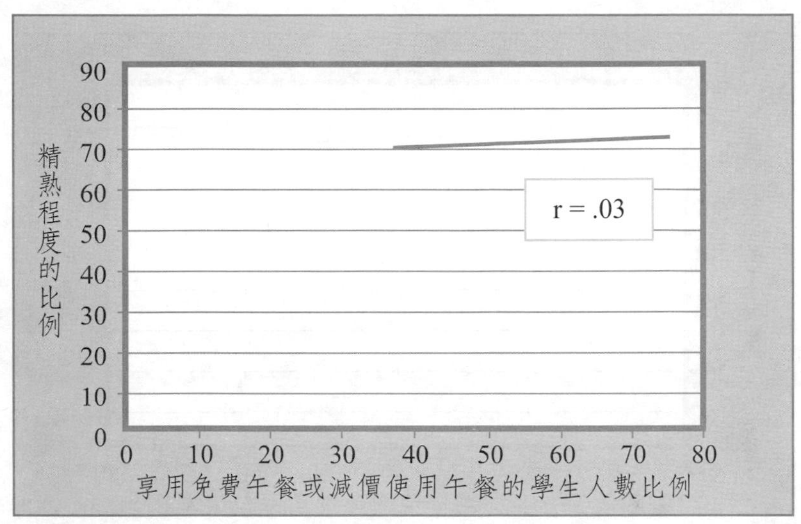

圖 5.3 偉恩小鎮三年級學生在數學科的精熟程度與他們貧窮程度之關係

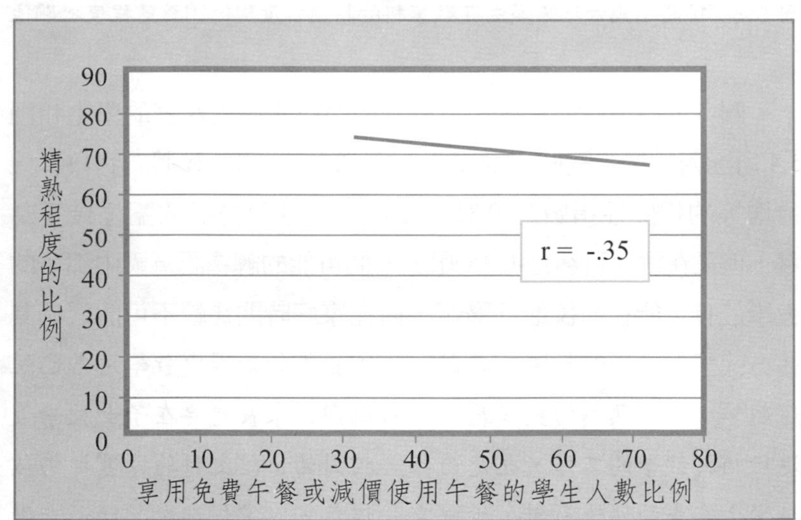

圖 5.4 偉恩小鎮六年級學生在語文科的精熟程度與他們貧窮程度之關係

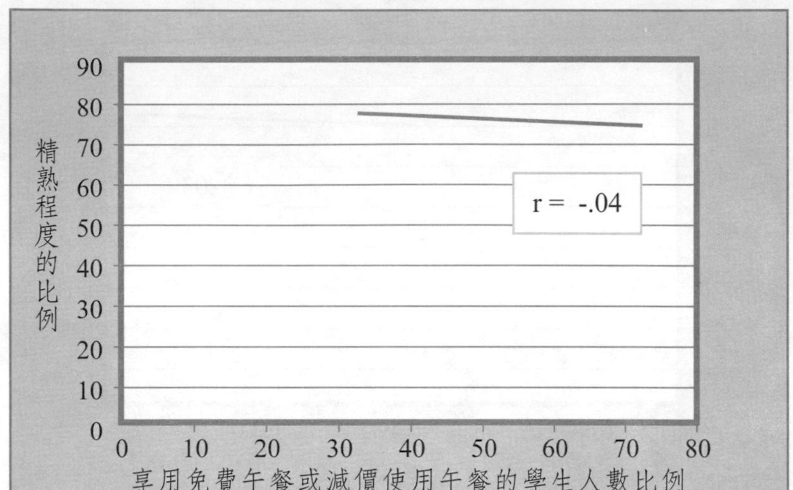

圖 5.5　偉恩小鎮六年級學生在數學科的精熟程度與他們貧窮程度之關係

圖 5.5 顯得特別有趣，主要是因為這張圖所涵蓋的學生和圖 5.4 所涵蓋的學生是同一批學生。不過在圖 5.4，我們看到教育機會均等的相關性指數為-0.35。為何在數學科方面的關係幾乎為零，但是在語文科卻是-0.35 呢？一個可能的解釋認為國中部分的數學最有可能在學校進行學習，而在家庭時間比較不可能透過其他方式學習國中的數學（譯註：這裡強調的是國中數學通常已經超越學生家長熟悉的數學範圍，所以即使家長想要在子女放學後進行補救教學的工作，也是白搭。相對的，語文科的練習卻仍然在學生家長的熟練範圍，所以家長仍然可以掌握機會幫助子女學習語文科。這也是數學科領域值得省思的教育方向，那就是絕大

多數成年人在出了社會多年之後，共同分享在義務教育階段數學破爛的程度，竟然是這些成年人感到驕傲的一點）；相對的，語文的閱讀與寫作則是家庭與學校環境結合的影響比較大。這張圖給老師們帶來一個令人振奮的訊息，那就是說哪些在學校教導的課程確實對於我們縮小教育機會落差有非常深遠的影響力。

偉恩小鎮學區的經驗指出教育機會均等的理想絕對不是一個夢想。學區裡的每一所學校——從小學到高中——都達到底下兩項教育均等指標當中的一項：

⑴享用免費午餐與減價使用午餐學生在學習成就上的表現和全校總平均的差異少於 10%，或是⑵佔大多數學生族群的少數民族學生在接受測驗的成績與全校學生的總平均值少於 10%。這樣的資料和底下這些學區在改善教育機會均等的努力所得到的結果相互呼應著：威斯康辛州的米爾瓦基（Milwaukee, Wisconsin）、伊利諾州的自由港（Freeport, Illinois）、密蘇里州聖路易斯的河川視野花園學區（Riverview Gardens, St. Louis, Missouri, metropolitan area）、以及其他許多地方的學區。雖然沒有任何人可以爭論學生的貧窮指標、語文能力的差異、文化等因素會對學生的學習成就產生重要的影響，不過研究卻非常清楚的指出學校在教學、課程、領導統御的創新才是最重要的影響因素。實際上，這些變因——也就是老師和學校領導者可以掌握的變因——對於學生學習成就的影響力遠大於綜合貧窮指標、文化與語文能力的總和。

處理鷹派學者與批評者（Cynics and Critics）的問題

我們必須花幾分鐘的時間討論一些無可避免的評論家觀點，他們似乎就是無法相信我們可以讓都會型的學校有成功翻身、轉型的機會（譯註：在美國大多數學校，只要提到都會型學校，就似乎是少數民族，貧窮子弟就讀的爛學校。相對於此，郊區的學校才比較有可能是中產階級，白人子弟就讀的學校。這和國內現況幾乎相互顛倒，請讀者瞭解這一點差異）。每一次只要當我分享這些來自於諾佛克學區、偉恩小鎮學區、米爾瓦基學區、河川視野花園學區、自由港學區、以及其他許許多多的成功都會型學校學區的故事時，批評者無可避免的會翻轉他們的眼睛，並且斷然的認為這樣的成功表現，必定只是曇花一現（譯註：a flash in the pan，譯爲曇花一現）的偶然機會而已。他們會認為這樣的成功只是這些學區的學校為了州政府的測驗，瘋狂進行考前練習之類的準備所得到的短暫成功，而不是撐得了多久的成功改革範例。其他人則聲稱這樣的結果一定是那些學區的學校在州政府考試那一天將低成就的學生完全排除在考試以外，才能夠僥倖獲得成功的機會。甚至還有一些批評者認為在考試那一天，這些學區的學生和老師共同參與了一項史上最大的作弊案件。有些批評者則認為這樣的表現是因為他們所使用的研究法有問題，特別是當他們使用精心設計的研究法（例如將轉學生的比例，與出席率稍做修改）。這些批評者強烈的責難，這些學區就是使用這樣的變因控制，才可以將學生的平均成績加以灌水。畢竟，這些研究反應了真實上學的學生人數和他們的平均成績。當然，如果沒有那些控制變因的存在，這些批評者又要指控我們並沒有採用嚴謹的研究法。不管如何，這些批評者總是會想盡辦法忽略在這一方面越來越多的研究成果所得到的結果。指出貧窮學校可以獲得高成就的研究者在這種情況下總是無法讓對方信服。

當我們針對這些批評者所提出來的疑問，一一提出統計與質性研究的成果來說服他們時，他們還是不願意放棄辯駁的機會，只得說他們就是不會相信這樣的研究成果。這些批評者，即使他們聲稱他們是公立教育的辯護者，也都站在教育這一邊，不過他們的言行卻明白指出，他們就是無法相信貧窮與少數民族的子弟確實可以透過專業與認真的教育伙伴的適當引導，獲得學業成就上的大幅度進展。我已經習慣於這種武斷的觀點，也曾聽過一些批評者批評其他在研究高度貧窮、多數的少數民族學生人口可以獲得成功經驗的指控（Reeves, 2000a）。那些文獻也指出同樣的現象，不過是在十幾年前完成的研究報告，稍早是由愛德蒙（Ron Edmonds）所執行的研究計畫，稍後則是由教育信託基金會〔The Education Trust, Inc.（Jerald, 2001）〕所執行的計畫。批評者似乎就是無法相信這樣的事實。

若仁慈一點看待這些批評者的話，我們可以將他們視為「懷疑的湯姆先生」效應——當研究成果看起來是那麼的異常，也和自己原先的經驗不很一致，那麼只有當我們提出非常多元管道的證據資料，與眾多研究的個案，才有辦法推翻他們那種懷疑的觀點。這是一種推理的觀點，值得優秀學生進行深入的研究。不過當我們在好幾年當中，給他們提供了多元管道的證據之後，他們仍然堅持他們原先的懷疑觀點時，我們將如何解釋那種頑固的現象呢？一個比較不仁慈的作法，我在這裡稱為將教育政策討論視為孩童對待的一種理念。嬰兒才不會理會研究的成果。如果他們看到一件物體，那麼那件物體就存在。如果他們遮住自己的眼睛，那麼那個物體就消失了。如果這個物體被另外一件物體所遮住，那麼只有在經過好幾個月的認知發展之後，他們才真的瞭解到這兩件物體仍然存在。在嬰兒發展的早期，被遮掩起來的物體可能被認為是消失了。我們不會和嬰兒爭辯這樣的現象，或是因此而發怒——而是耐心的等待嬰兒的認知技能逐漸發展完整。即使當嬰兒發出尖銳、非常不悅耳的噪音時，我們容忍他們的尖叫習性，瞭解到總有一天他們會開竅，瞭解這些現象其實都只是幻影而已。那些在都會型學校服務的讀者，如果您真心誠意的想要讓您的寶貝學生獲得高成就的機會，那麼我給您的建議就是當您遇到這類型的批評者時，請記得這裡所使用的類比、暗喻模式。請您不要發怒，或是為您自己的教學進行保衛戰、或是被他們誘入言語的爭辯。不管噪音是如何讓您覺得不舒服，請記住不要讓它干擾您要協助學生獲得傑出表現、與提供均等教育機會給每一位學生的使命。您的工作品質和您的學生的學習品質總會在適當的時機，超越批評您的那些批評者的哭泣聲。

誠如我們在前面所提到的，維吉尼亞州的諾佛克學區，與印第安那波里中偉恩小鎮的大都會型學區都是我們打敗批評者傲慢自大論點的良好範例。不過我們還有許多其他的學區可以當作良好的範例。米爾瓦基公立學校也說明了績效、標準、與共同評量／評鑑的重要性。即使他們更換了一系列的領導者，以及異想天開的教育委員會的政治角力，還有非常艱困財政經費預算、與政策的限制等等因素，這個卓越的公立學校學區持續的改善了學區裡超過十萬個學生的學習成就與教育均等機會。在洛杉磯郡，各個報章媒體的大標題都呈現了各式各樣的災難新聞。不過如果仔細觀察，就會發現在這個全國第二大的學區，也就是洛杉磯聯合學校學區，以及座落在洛杉磯郡的其他學區，在閱讀方面跟隨諾佛克學區和其他都會型學區所採用的相同原理、原則，而獲得顯著的提升。在聖路易斯大都會，明確的成功範例可以從他們這個大都會裡面的河川視野花園學區、以及黑惹武德學區的成功範例來證明，在這兩個學區裡，我們發現貧窮指標與少數民族學生子弟的註冊，並沒有減少老師和學校領導者想要改善學生學習成就的決心。

在亞特蘭大的都會區，考伯（Cobb）郡的學校學區部分，也說明了一些鮮少受到人們注意的決心。他們學區的學生在寫作的得分上直接否定了多數觀察者長久以來所假設的負相關關係——貧窮的等級越高，測驗的成績就越爛。考伯郡學區最近幾年以戲劇化的方式降低了傳統上我們對於學生在寫作上那種關係的瞭解。雖然在學生精熟於閱讀，與學生家庭的貧窮指標之間還是有一點點的負相關，不過在寫作方面，這樣的負相關現象就已經不再存在了。這建議我們寫作的技巧比較有可能在學校進行教學，所以教育界也比較有可能透過教育的過程來緩和貧窮對於學生的影響力。這一點和佛羅里達州的李郡（Lee County）所得到的資料相符合，在那裡學生的貧窮指標與寫作的得分之間的相關性，比學生的貧窮指數和早期閱讀分數的相關性相比的時候，佔了優勢的地位（譯註：這裡是說寫作是學校教導的主要項目，但是閱讀可能比較偏家庭與學校的結合，所以寫作的得分比較不會受到貧窮的影響）。換句話說，在學校進行的教學活動確實有它的重要性，特別是當我們遇到貧窮的影響力時，那麼學校的教學真的超越貧窮的影響。

如果我們沒有討論紐約市的都會型學校在教育方面的成就，那麼針對都會型學校的檢視就不可能完整無缺了。針對紐約市這個大都會來說，許多博學多聞的權威者認為那是一個教育改革的黑洞——我們投入金錢和各式各樣的構想，不過卻從來沒有看到任何起色的可能性。讓我們暫時用事實來攪動這些偏見吧！哥倫比亞大學的露西・馬可米克・寇金教授（Professor Lucy McCormick Calkins）終身投入她的時間，想要揭穿這個偏見的假面具。她想要深入的瞭解學生到底能夠做哪些事情，哪些事情是學生無法完成的。當她分享那些來自於公立學校的學生作品範例時（Calkins, 1983, 1994），獲得的冷嘲熱諷是這樣的：「那一定是資優生的作品！」寇金教授肯定他們的觀點，那確實是資優學生的作品，不過她同時指出只要我們給予每一位學生機會成功亮麗的展現他們

的作品時，他們也都是資優的學生。在這種情況下，這些學生從老師堅持的要求，進行作品的精練，當他們繳交優秀作品時，也獲得真實的學習效果（譯註：這裡和一位在美國加州某大學服務的張稚美教授所提出來的觀點類似。那就是認爲我們的學校沒有學習障礙的學生，而是我們的學校本身有學習障礙的表現）。

這些成功的故事都擁有一個共同的主題，那就是這些參與學校改善的教育伙伴不僅檢視學生測驗的成績，他們還深入考慮每一位參與學校教育體制的伙伴所應該扛起的責任績效。我們確定的一點，就是測驗的成績確實是這些考量的一部分，不過如果要讓績效制度完整達到它的潛能，以一種建設性的力量來改善教育現象時，那麼它就必須明確包含體制內的每一個成年人——從教室裡的老師，到校車的司機、到中央辦公室的行政人員，到學區教育局長，到學區的教育委員會的成員等等，確認每一個成年人在改善學生學習成就與公平的教育機會上所扮演的角色。

Chapter 6

政策制訂者的觀點

- 地方決策者的角色：學校教育委員會在績效制度的影響力
- 聯邦政府的角色：「將每個孩童帶上來」的神話與真相
- 州政府的角色

針對教育績效的討論，如果沒有考慮到聯邦、州政府、與地方階層的教育政策制訂者，就不能完整來呈現討論的內涵了。在二十一世紀剛開始的那幾年，聯邦政府以一種前所未見的方式介入教育績效的領域。所謂「將每個孩童帶上來的法規」（譯註：No Child Left Behind Act，簡寫爲 NCLB 法規，直譯爲沒有任何孩童應該被遺忘，其實是和我們的九年一貫課程所強調的「將每個孩童帶上來」是一模一樣的），是在兩大政黨多數的同意下所制訂的教育相關法規。它代表了聯邦政府對於課程、教學、研究、領導統御、與其他教育政策領域即將施展強而有力的影響力。不幸的，許多針對這項新法規的評論都太過於泛政治化，或情緒化，所以當人們想要採用理性的（和文明的）方式進行這項法規的討論時，就會增加非常多的困擾。這一章將嘗試討論聯邦政府的這項政策所涵蓋的神話和真相，同時兼顧那些在地方與州政府階層的政策制訂者可以發揮的影響力。雖然許多圍繞著州階層績效制度的公眾注意力都集中在聯邦法規上，不過我們還是必須承認，地方與州政府階層的決策者對於教育政策的建立，仍保有相當大的影響力。

地方決策者的角色：學校教育委員會在績效制度的影響力

幾乎沒有任何人可以責怪地方教育委員會（根據各地方對於

教育結構的管理情形來分析，應該還需要包含學校裡面的各個委員會，各個郡的教育委員會，縣市政府的協調會，以及其他管理的組織團體）在過去幾年對於教育現場逐漸喪失他們的影響力。學校政策的幾個項目，包含課程、學科內容、評量、學生留級與否、與畢業的條件在以往都完全歸屬各地區的學校系統掌握，直到最近幾年才需要聽命於州政府教育廳的指示和規定。那些州政府的教育廳接著會抱怨他們提出的強制要求，也只是在反應這個國家的立法機關所制訂的改革措施，他們也只是奉命行事，所以最後累積的結果，就是整個社會要求公立學校需要針對學生的學習擔負起更多的績效責任。

地方的學校教育委員會也不是省油的燈（譯註：are hardly impotent，原意爲也鮮少是虛弱的體質，這裡將它轉譯爲不是省油的燈，比較貼近國內熟悉的字眼），底下的這段文字強調了教育委員會應該在政策的掌握上多施點力，才能夠針對幾項最重要的教育議題有點作為。實際上，如果在地方階層的工作伙伴並沒有認真執行教育改革原先企圖改善每一位學生的學習計畫，那麼州政府和聯邦政府所推動的教育改革政策將會受到嚴重的扭曲（譯註：這是國內推動九年一貫課程也面臨的困境。最高階層提出來的十大基本能力確實很好，但是轉換到各領域的能力指標，就顯得互相矛盾；最後再由能力指標轉換爲學校本位課程。這當中每一個階層的轉換都遇到許多推動上的瓶頸。有心者可以在這些層面上多下點功夫）。

老師的教學品質 ➲

在美國，我們是透過學校的教育委員會、與教師聯盟、和其他的談判團體簽訂合約的。雖然這些合約大部分內容是說明經費的運用和老師的薪資，不過這些合約也包含了一些可以深度影響教師的教學品質、與學生學習機會的地方性政策。因為在這些地方性的政策裡，老師的工作指派，包含他們任教的科目、年級、以及課程，通常都先考慮老師的年資當作最主要的考量項目。那些最資深的老師擁有最高的優先權，可以挑選他們想要教導的學科和年級，甚至還可能可以指定他們想要教導的班級。雖然從表面上來看，這樣的任務指派看起來只是單純的反應了 RHIP ——等級優先順序當然要考慮在內（譯註：rank has its privileges，原意爲等級有他們的優先特權需要考量）——不過這樣的現象對於學生的學習成就，甚至於學生的學習都有致命的影響力。在許多個案當中，最資深的老師通常會想要在那些弱勢學生人數最少的學校擔任教師的工作。如果在同一所學校服務，那麼最資深的老師通常也會挑選那些弱勢學生人數最少的班級擔任那些學生的老師。這樣的作為讓那些最需要老師協助的學生成為最沒有教學經驗的老師的學生，偏偏在許多個案當中，那些老師也是教學品質最差的一群（Ingersoll, 2003。譯註：這似乎是一個全球性的議題。在國內，偏遠地區通常也是最沒有教學經驗的老師、和行政主管的處女秀場合。一旦這些老師和行政人員在偏遠地區教導一段時間，短則一年，長則三年，就會申請調動到都會型的學校，讓偏遠地區的學童經常需要面對新面孔的老師，以及新老師不同的教學風格。更嚴重的是許多新老師對於偏遠地區學童存在著一種「沒有接受過文明洗禮的野孩子」的錯誤觀念，教學上就無法突破傳統教育的模式）。

我們不應該為這樣的事態發展而責怪老師；他們只是透過協商的談判過程，想要求得安全的保障而已。通常是地方性的教育委員會必須為這樣的現象，也就是合約的續約上，全權扛起責任來。所以我們認為地方的學校教育委員會必須要為一些替代方案進行可能的談判工作。最好的方式就是提供經濟方面、與非經濟方面的誘因（例如更多的備課時間、降低學生人數、更多的技術支援、以及更多安全方面的支援；譯註：如果讀者閱讀過《他只是個孩子》那本書，就會發現這些方面有特殊需求與照顧的學生經常耗費老師許多精力，更可能侵犯老師的安全），這樣的安排才能夠讓那些自願到弱勢學生人數最多的學校、或班級去任教的老師，有足夠的意願去進行每一天的教學活動。當地方性的教育委員會只會片面宣布他們將要求高標準的課程政策，以及更嚴格的績效體制，卻沒有讓學生有機會在高品質教師的帶領下進行學習，那樣的政策就會顯得相當空泛，頂多只能夠稱得上是一些繁文縟節的書面報告而已（譯註：許多老師在面對各式各樣的推廣教育時，也已經產生了這樣的心態。就是認爲任何一項和教科書內容沒有直接相關的活動，就是要盡量繳交厚實的書面報告，讓學校的行政主管可以往上交差了事）。

當然，我們得承認老師的教學品質，絕對不是單純教學經驗與證照所可以決定的。最有效率的老師和學校的領導者使用截然不同的專業實務工作。教育委員會需要使用一套評量系統，不是單純反應老師在課堂以外的地方所做的事情；更需要掌握每一個可以確認老師在課堂裡傑出的教師效能，並且給予適當的獎勵。這樣的作為不僅要能夠辨認老師有效能的作為，更需要具體的提供經濟、與非經濟上的獎賞。其實我們很早就瞭解到在學生的學習成就方面，我們應該提供即時、精確且明確的回饋才能夠提升他們的學習成就（Marzano, Pickering, & Pollock, 2001）。然而在教育委員會、資深領導者、與教師之間的互動關係卻鮮少有符合這種有效回饋的機會。成功的回饋機制必須提供體制內的每一位老師和領導者機會去辨識、記錄、並且複製他們最有效的工作實務。如果我們想要將這幾頁所描述的「為學習負責的績效體制」影響學校的各項運作，那麼地方教育委員會就必須要想出一個合情合理的方法讓學校的績效體制，不再只是一連串的課業成績而已。如果教育委員會所推動的績效體制無法辨識、紀錄、肯定、並獎賞整個學校系統內許多不同年級和學科老師的教學品質，那麼我們或許就可以直接了當的認為老師的教學品質將會是偶發事件，而不是經過精心設計的結果（譯註：這一點可眞指出國內優良教師評比的許多錯誤層面。在多數情況下，各縣市、或各校所推舉的優良教師等同於最資深的老師。鮮少考慮眞實的教學。通常在資深老師退休前給他們這項獎勵，主要是傳統上考慮「沒有功勞，也有苦勞」的認同感。這樣的作爲就會將教學的藝術與科學矮化爲教學的技法）。

維護學校運作的品質還有一個重要的項目，就是要去辨識一些無法達到學校教育委員會所制訂的標準的那些教職員工，並且招募適當的人選來取代他們原先的工作。不幸的，大多數老師如果會在退休前中斷他們的教學工作，通常是有重大的爭議事件、與激烈的爭論所產生的；通常他們都是和粗俗的瀆職行為有關聯，例如和學生有關係的犯罪行為，所以學校與學區的領導者在考量解聘這類型老師時，鮮少需要仔細考慮他們解聘後的相關問題。使用品質管制的方式來管理那些不勝任的老師時，就會讓學校與學區的領導者有種罪惡感，而遲遲無法決定該如何處理不勝任教師的問題。改善教師實作表現的模式當中有幾個最成功的範例，例如調動老師，讓他們不在原先的工作崗位上的其他替代方案，已經由國內兩個最大的教師聯盟所贊助，他們分別是「美國教師聯盟（American Federation of Teachers）」與「全國教育學會（National Education Association）」（如果您想瞭解這兩個大聯盟最新的教師改善資訊，請參見網頁 http://www.aft.org 與 http://www.nea.org）。基本上，我們認為每一位老師都想要獲得成功的經驗，他們也都相當瞭解，任何一位不勝任的老師將會毀壞整個教師行業的聲望（譯註：一粒老鼠屎毀了一鍋米飯）。不過標示一位老師為「不勝任」，就需要透過合法的訴訟程序才得以完成，也需要給不勝任的教師改頭換面的機會。教學的技能並不是天生注定在一個人的遺傳基因（DNA），而是一門可以學習、練習嘗試、並且持續改進的專業。有些老師在某一個特定的年級或位置時，表現出來的結果相當沒有效率，不過如果讓他們有機會調動到其他年級，或許那些老師的專業背景會比較貼近他們所要教導的科目，那麼我們就會發現一個可能的失敗表現，可以變成一個成功的專業人士。無論如何，每一位教育委員會的委員在每一天即將結束的時候，需要隨時有一套評估的程序在手邊，讓他們不僅可以決定某些教師可能因為粗俗的瀆職行為而終止他們的教職，或是將某些新手與還未佔缺的老師調離開原先的工作崗位；也可以辨識一些不勝任的工作表現，並且將它記錄下來，最終目的可能是為那些老師和行政人員重新指派工作，或更嚴重一點的會免除那些沒有達到委員會標準的老師和領導者的工作。

這兩項鮮明對比的話題——辨識出老師的教學優勢，以及不寬容那些不勝任教學的老師——應該受到不相同的重視程度。領導統御有一項重要的原則就是認為「強化一個人的優勢能力，遠比補足一個人的缺點來得有效率，且容易處理多了」（Buckingham & Clifton, 2001）。教育委員會的成員，以及資深的領導者，可以將比較多的時間、與精力投入在辨認老師的教學優勢上，並且透過系統化的方式將那些教學優勢盡可能複製在其他教室裡，而不必耗費太多心神考慮是否將某些不勝任的教師免職。

策略性計畫

太多的教育委員會都被捲入策略性計畫的過程而無法自拔。他們投入策略性計畫的認真情形，經常讓人誤以為產出策略性計畫的文件書面報告，就是他們認真工作的最主要原因。在策略性計畫的規劃和執行過程中，教育委員會所能夠扮演的最重要角色就是協助聚焦的工作，也就是要確認這項計畫、與相關的配套措施，都和教育委員會的使命和願景所倡導的方向是前後一致的。我們經常發現有太多的策略性計畫過程都屬於逐漸累積起來的，從許多不同的利害相關者收集他們的想法（這是一個好的構想），然後確認這些利害相關者每一個人都能夠感受到他們所發表的觀點在整個策略性計畫中都能夠有重要的角色（這就是一個很爛的想法了）。當教育委員會能夠協助大家在策略性計畫過程中聚焦時，那麼最後的計畫書就只會有幾個重要的目標而已。在第五章所介紹的維吉尼亞州的諾佛克公立學校，他們的教育委員會只有一項教育目標。所以在我們評鑑一些成功的學校時，幾乎都毫無例外的發現到他們的學校教育委員會所制訂的目標通常少於六個，而且那些目標都以相當清晰的文字說明。

如果您想要承諾推動有效率的策略性計畫，那麼您將會發現有許多委員會的成員所做的決定和清楚標示著「策略性計畫」，幾乎都沒有關連性。議程上的條款、委員會成員之間的聯繫、經費預算的決定（特別是要終止一些沒有意義的活動、以及中斷一些沒有實質幫助的計畫的決定）、中央辦公室的組織方式、以及整個體制如何評鑑資深的領導者，這些都是委員會反應它在每一天的決策過程中是否支持這類型策略的證據。

領導者的評鑑

委員會可以做的項目當中有一項最重要的就是評鑑領導者，特別是學校體制的學區教育局長。我和那些在實作評量中心〔Center for Performance Assessment（Reeves, 2003a）〕的同事最近執行了一項研究計畫，研究結果指出18%的學校領導者在他們目前的工作崗位上，從來都沒有接受過任何的評鑑，也只有非常少數的領導者在接受評鑑之後，認為那些評鑑和學生的學習成就有關連，而且評鑑的結果也提供足夠的資料，讓領導者可以根據評鑑的結果來改善他們在學校體制的實作表現。最糟糕的情況就是當一個領導者的地位越高的時候，那麼評鑑他們實作表現的品質就越爛（Worst of all, the higher the position, the worse the quality of the evaluations）。

因此，學校教育委員會的成員就有一個基本的要求，必須投入更多的心力去發展一個可以評量學區教育局長、和資深領導者的建設性評鑑過程。教育委員會的評鑑應該非常明確的辨認領導者在他們的工作崗位上最重要的向度，以及領導者在每一個向度可以持續改善的方針（從「未達到標準」到「示範的楷模」）。雖然每一個教育委員會將會依據當地的需求和文化特色，精心製作他們自己的評鑑政策；不過教育委員會可能想要參考一個標準模式，他們就可以參考《評鑑教育領導者》〔*Assessing Educational Leaders*（Reeves, 2003a）〕這本書。有興趣的讀者可以從底下的網頁下載一些領導者向度的樣本 http://www.MakingStandardsWork.com。除此之外，Marzano在他那本膾炙人口的著作 *What Works in Schools*：*Translating Research into Action*（Marzano, 2003）的第十八章，就針對領導者的關鍵角色提供許多非比尋常的洞見（譯註：這本書也相當實用，也是由ASCD出版，有興趣的讀者可以要求出版社翻譯這本書，讓更多有效的教學實務可以和國內的老師和行政主管分享）。

公眾的參與

教育委員會和其他地方性的管理結構在本質上都是屬於政治性質的。不管是由上層長官委派下來的工作，或是因為選舉獲勝而就職，每一位委員會的成員都是為一群選區的選民服務的，他們的選民當中當然會有許多相互衝突的議程和利益關係。這些不同的議程和利益關係，受到來自不同來源的許多資訊所影響，這些資訊當中有許多是相互衝突的。許多教育委員會的成員每一天日以繼夜的受到許多民眾的投訴而形成疲勞轟炸（由於我太太就是一位學校教育委員會的成員，所以在這方面我可以相當權威的指證確實有這樣的事情發生著），民眾投訴的原因可能是他們從報章媒體上看到一則新聞報告，讓他們指證歷歷的向教育委員會的成員投訴；他們也可能是和一位學校聘僱的員工閒聊之後，認為他們確實有證據可以告發某些學校裡面的事情，他們也可能從一位學生的報告、或是一個電台節目主持人的言論、或是和另外一位委員會的成員閒聊中、或是任何正式或非正規的資料來源獲得他們認為千真萬確的可靠資訊來源，那時候他們就會向教育委員會的成員控訴。雖然資訊爆炸是形成一個自由社會的奇蹟，也是自由社會的負擔，不過它同時也給委員會的成員一些無形的責任，讓他們必須將自己調適為一個教育界的伙伴，而不是單純只負責政令的宣導，同時也有必要教育他們的選民，認識制訂這些政策背後的真相和理論。對於學校資深的領導者而言，這樣的要求在他們宣布和推動一些學校教育委員會所倡導的政策時也可依此類推。一言以蔽之，就是在推動新的教育政策時，推動的原因必須凌駕推動的方式（譯註："why" precedes "how"，若單純翻譯，就成了「為何推動」應該超越「如何推動」）。學校教育委員會的成員與資深領導者的一項義務，絕對不是單純宣布他們的決定而已。他們必須讓被聘僱的員工、社會大眾、與其他的選民都動起來，也要向這些員工、社會大眾和選民說明推動的理由——這樣的理由包含了相關的研究成果、社會大眾的利益、地方文化議題、以及許多其他的因素在內——就是那些會影響決策過程的背後原因。唯有當這些議題都完全考慮周全了，我們才可能期望這些員工、社會大眾與選民會認真考慮接下來的推動方式吧！

我們早就反覆的聽許多人提到「我們在過去幾十年當中正逐漸喪失地方對於教育的掌控；不過很諷刺的是，我所觀察到的每一位學校教育委員會的成員都超級的忙碌，也都非常願意投入他們的時間和精力在學校的教育事務上。那些在公共事務上擔任職缺的人，包含行政官員和民意代表，回憶起他們擔任學校教育委員會的工作時，都瞭解到那份工作的要求是最複雜、最有壓力、對於他們的選區選民也最有影響力的工作。雖然我國在教育方面的政策，確實大幅度地擴展了聯邦政府和州政府階層在教育管理上的角色，不過地方的學校教育委員會，仍然是決定國家和州政府對於學生優秀表現與均等學習機會是否能夠落實的主要單位。

聯邦政府的角色：「將每個孩童帶上來」的神話與真相

雖然針對聯邦政府在教育法規的制訂進行完整的分析，遠超過這本書的範圍，不過底下我將針對國會於二〇〇一年在國民中、小學教育法規的重新授權做簡單的回顧，這個法規的重新授權是在國會通過的第一條款：「將每個孩童帶上來」的法規。雖然我個人倡導可以運用教育標準來大幅度改善學生學習的支持者（Reeves, 2001b），我也認為學生的學習不是單純那個鐘形曲線（譯註：bell curve，就是認爲學生的學習一定有少部分學生表現優異，少部分表現奇差無比，還有多數學生的表現落在中央，形成一個鐘形的圖形）可以表達的，因此我對於標準化測驗有相當的批評（Reeves, 2000b）。此外，我也曾經嘗試以一個公平與超黨派的方式來檢視由布希總統與他的民主黨領袖所推動的教育政策（Reeves, 2001a）。所以在這裡我要聲明底下針對「將每個孩童帶上來」這個法規的討論，不論是神話或是真相，既不是要為它進行辯護的工作，也不是要譴責這項法規；相對的，我是希望將討論的焦點集中在事實上，而不是自從這項法規制訂以後，我們整個社會所充滿的泛政治化犀利言詞。當我使用「自由派」與「保守派」的標示時，我是採用極度寬廣與含糊的方式來處理，不見得和國內熟悉的保守與自由兩派有關連。所以我可以這麼說，底下這段文字的說明過程是以揮灑的方式呈現。這些文字說明針對聯邦的教育法規，精細的描繪了支持與反對雙方的意見，不過我在這裡運用他們的觀點，並不代表我想要貶低他們的真誠或誠意，而是想要廣泛的呈列贊成與反對雙方所代表的各種意見。反對這項法規的人主要來自於一些特別有趣的組合，包含了底下的各種意見：

- 那些認真想要改善學生學習成就的老師和行政人員，不過在過去幾年當中，有太多新的教育改革措施，讓他們不勝負荷這種沈重的壓力。
- 傳統上比較保守的政治人物，他們相信聯邦政府沒有權力可以過問教育方面的運作。在某些個案當中，這種反對的觀點不單純侷限在聯邦政府對於州階層在學科領域方面的標準與閱讀測驗而已，還往外觸及聯邦政府想要在人權方面的投入，包含殘障學生的學習權益，以及女學生參與各種運動項目的均等機會，都受到保守派人士的反對。
- 傳統自由派的政治活躍者，他們相信任何測驗都將會傷害貧窮學生、和少數民族的學生群體的學習機會。
- 社會上中高階層的學生家長，他們擔心在閱讀和數學方面過份強調測驗的結果，將會減少他們的孩童所喜歡的特殊活動和選項，這樣會減少他們子弟在各種選項上的選擇權。

「將每個孩童帶上來」的法規確實也同時獲得許多來自於不同團體的支持和贊助。不幸的是，參與這個辯論的敵對雙方，都不願主動進一步去挑戰他們敵方的動機、智慧、或善意等。

神話：「將每個孩童帶上來」的法規根本就是布希總統推動的法案⊃

在參眾兩議院有超過 90%的民主黨議員投票支持這項法規（譯註：布希總統屬於共和黨）。這項法規當中有些最重要的修正案是由紐約州的參議員希拉蕊・柯林頓（譯註：就是前任總統柯林頓的太太，後來希拉蕊出來參選並當上紐約州的參議員）所起草的，而且這項法規是由來自麻州、當時擔任議會主席的愛德華・甘乃迪召開會議時通過的。在簽署這項法規的那一天，兩個政黨的參眾議院代表團，包含了甘乃迪參議員在內，還和布希總統全國走透透的進行宣導，並且讚揚這項法規的內容。雖然我們可以自由自在的隨意批評我們所選出來的政治人物，不過這麼簡單的事實讓我們必須公平的說，如果我們要指責「將每個孩童帶上來」的法規有任何錯誤，那絕對不是單純布希總統的錯誤，而是兩黨政治的錯誤判斷所造成的（譯註：這一點非常類似國內推動九年一貫課程的教育改革。推動時，是由各政黨主動推動的；包含教科書多元化與教育鬆綁等議題。等到推動一段時間，教育改革沒有預期效果所期望的表現，社會大眾就將指責的矛頭指向執政黨，或某幾個教育改革的領導者。卻忘了當初可是各政黨共同同意下的改革措施）。

神話：全國同步推動的標準化測驗是由聯邦政府法規所強制要求的⊃

其實正好倒過來，「將每個孩童帶上來」的法規明文禁止使用一個全國性的標準化測驗。事實上，它要求每一州的州政府針對州內三年級到八年級的學童發展閱讀和數學兩項測驗。那些測驗必須依據州政府所頒訂的標準，而不是聯邦政府的強制要求。此外，那些評量的內容、格式、和施測的時機都留給州政府去謹慎的考量。每一州的州政府在評量的政策上有非常寬廣的自由度可以運作，有些州使用傳統那種廠商提供的選擇題當作測驗的題目（譯註：美國在測驗方面的「商機」非常高，所以企業早就要求政府釋放這種權力給企業界。而許多攸關學生進階學習的重大考試都委由廠商來發展，例如著名的SAT和托福考試都已經由企業擔任。相對的，企業界不得在考試之前洩漏考題），另外一些州則在地方階層創造各種測驗工具來評量學生的學習成就。有些州讓測驗大廠商來制訂他們的測驗內容，而另外一些州則運用了大學和國中、小老師所形成的聯盟來制訂測驗的項目。有些州在整個州進行測驗方面有標準的條件，而另外一些州則允許州內各地區的學校相當大的自由來進行測驗。

截至目前為止，值得我們注意的倒是多數州政府「過度遵守」「將每個孩童帶上來」的法規。聯邦政府的要求只是想要瞭解在每一年結束的時候，學生在閱讀和數學的學習方面是否達到標準的程度而已。您或許會好奇的想要瞭解在這個國家裡面是否還有哪個學校沒有執行這樣的一項議題探究。其實許多州已經在許多其他學科方面發展測驗的系統，因此而遠遠超過聯邦法規所要求的只在語文和數學兩個科目進行測驗。我在全國各地非正式的訪談老師，大致上瞭解各州的測驗通常需要幾個小時的測驗時間，最多可能需要耗費四十個小時來進行整體的測驗。各州在測試學生所需耗費時間的高度差異性應該可以讓我們清楚的瞭解到，各州的州政府在測試學生的學習成就時扮演了最重要的角色，絕對不能怪罪聯邦政府的教育部。

神話：允許學生離開經營不善的學校，是共和黨的黨員想要支持教育券與特許學校（charter school）的活動

雖然我不能夠推測這項法規作者的原始動機，不過我倒是可以說明兩項相當突顯的事實。首先，在總統的行政命令（Executive Order）13153 條款上的簽名的人絕對不是布希總統。這項條款指出，如果家長發現他們的子女就讀的學校連續兩年經營不善，而學校又從聯邦政府獲得經費補助，那麼這項條款允許家長將他們的子女，從這些學校轉學到其他學校。這項總統行政命令是在西元兩千年的五月簽署的，在上面簽署姓名的總統是前任總統柯林頓先生。對許多聯邦法規有濃厚興趣的評論家而言，柯林頓總統

鮮少被視為公眾教育的敵人。其次，雖然「將每個孩童帶上來」的法規的原始文字內容包含教育券的提供，不過法規的那段文字在還沒有離開議會的委員會討論審查之前，早就已經被宣判死刑而沒有進一步送交公聽會處理。這條法規目前的情況是在公立教育體制下，我們需要提供選擇權給學生和他們的家長，所以他們可以在公立學校，或是由政府贊助經費的特許學校之間挑選適合他們子女就學的學校。不過，並不是每一州都設置有特許學校，供學生與家長挑選。

神話：法規要求將促使各州以低階層的思考技能取代思考與分析的教學

我們不得不承認，某些州（當然我們也瞭解這包含某些校長與老師的反應）在面對「將每個孩童帶上來」的法規要求時，將他們辦學的焦點集中在測驗前的準備與練習。這種測驗前的準備工作與練習幾乎只是針對測驗卷可能的問題進行反覆的練習（譯註：這裡說明的就是「考試領導教學」的運作，許多學校、或州政府爲了滿足聯邦政府的要求，卻又誤解了聯邦政府的要求，所以將教學的重點集中在考試的練習上，以免聯邦政府的教育補助款沒有下落）。批評者對於這種蹩腳的教學法感到非常的憤怒，不過他們的憤怒應該朝向正確的方向。即使當州政府的測驗都充滿著低階層的思考技能，題目類型也都是以選擇題的格式命題，那麼面對這種考試的最佳準備方式絕對不是毫無頭緒的反覆進行測驗練習，而是讓學生進行廣泛的寫作，並且在寫作的過程中融入思考、分析與推理等高層次思考的教學策略（Reeves, 2002d）。此外，聯邦的法規僅要求各州在進行測驗的時候，必須參考各州所頒訂的學科課程內容來命題。有些州早就已經張開雙手擁抱哪些富含分析、推理、與複雜的思考等方面兼顧的課程標準了。如果我們發現有某個州沒有採取這樣的標準，讓他們的評量測試違背聯邦政府要求的思考、分析、推理與寫作，絕對是那個州政府的責任，而不是華府的責任。

在我們貶低「純粹練習就是壓抑學生的學習」這樣的論點之前，我們必須清楚瞭解一個基本的事實，那就是我們的學生確實必須要學習閱讀，並且分析基礎數學問題，才能夠在社會上有基本的謀生能力。換句話說，學生學習某些字母的形狀、名稱、與發音的方法，以及某個字的意義，就像我們在籃球教學時要求學生練習投籃、或是練習薩克斯風、或是清理自己的房間一樣的重要。他們都是練習之後才能夠精熟的項目。我們也得承認，並不是每一項練習都是那麼的死氣沈沈，也不是每一種練習都是沒有目的的。不管閱讀和數學課程有多麼無趣，公平公正的觀點應該是這些課程是採用零散的方式呈現，有他們自己的特性，由於他們具有特定的要求，導致許多學生和老師對於這樣的課程沒有很高的期望，才會讓社會大眾誤以為練習是一種死氣沈沈的學習過程。不過這項法規明確的提到各州所舉辦的測驗應該依據各州所頒佈的學科課程標準來研發。

神話：這項法規忽視了殘障學生的需求 ⊃

殘障學生的教育法（IDEA）是「將每個孩童帶上來」的法規單獨呈列的一個法規。這項法規透過聯邦保護的權力，為殘障的學生提供公平且適當的評量方式，都是依據他們個別需求制訂的。當州政府所提供的測驗不很恰當時，有殘障需求的學生就可以要求施測單位提供適當的替代評量方式，來符合他們個別的特殊需求。我曾經不只一次聽到有些人會認為如果一個孩童不會閱讀，那麼他們也必須在測驗的時候，端端正正坐在考場，一邊流著眼淚，一邊苦候測驗結束時間的到來，提出這些抱怨的人認為這樣的現象都是因為「將每個孩童帶上來」所帶來的禍害。如果這樣的故事並不是杜撰出來的虛構故事，那麼這樣的缺失是州階層和地方階層的測驗行政人員的缺失，他們這樣的作法已經將謠言當作真相來處理了。其實針對殘障學生而言，我們有非常足夠的法規、行政管理、與個別的法條，讓這些殘障學生可以獲得妥當的評量方式，而且我們確信「將每個孩童帶上來」絕對沒有從那些原先就保障殘障學生學習機會的法規剝奪任何原先應該享有的權利。實際上，「將每個孩童帶上來」這項法規，自從它在二〇〇二年的七月頒布以來，就很明確的要求州政府的評量「需要針對州內各種學生需求，設計合法的評量方式，且這些評量方式要讓每個州民都可以有機會接觸；這樣的學生需求包含殘障學生的需求，以及只會講一點英文的學生（譯註：這裡提到只會講一點英文的學生通常是那些移民的子女，或是短期到美國進修的外籍人士的子女）」（U.S. Department of Education, 2002）。

神話：標準化測驗的成績是最關緊要的項目➲

在這項法規頒布的初期，許多關愛的眼神都集中在法規要求州政府要針對三年級到八年級的學生，在閱讀和數學兩個學科進行測驗，這項要求在不久的將來，也就是二〇〇七年的時候，將延伸到自然科學的測試。這一章特別針對這項嶄新的聯邦法規細節，與績效制度的影響層面進行分析與討論。和一般人所瞭解的神話正好相反的，就是這項「將每個孩童帶上來」的法規並未全賴標準化測驗的成績來定義學生學習成就的進展情形，而是提供非常多的機會讓各州可在教育績效制度的彈性與均衡兩方面獲得自主的機會。所以只要州政府和學區有意願嘗試這些彈性範圍，都是可接受的。舉例來說，內布拉斯加教育廳廳長道格拉斯・克里斯天生（Douglas Christenson）就明白宣稱，他的州不會勉強接受單一的測驗成績當作績效的唯一指標；相對的，該州讓各地的學校教育體系、與教室內所得到的評量結果，當作可和州政府所要求的標準化測驗相抗衡的評量工具，也因此在績效的平衡上面，不是單獨採用標準化測驗的成績（二〇〇一年）。

老師的教學品質與「將每個孩童帶上來」的法規➲

雖然對於這項聯邦政府新頒布的法規而言，關懷的眼神都集中在測試學生在閱讀與數學兩方面的學習情況，不過在這項法規還有一個同樣重要的部分，就是要求在每一間教室都需要有一位能夠高度勝任（"highly qualified"）的老師擔任教學的工作。雖然高度勝任的定義將由各州去決定，不過我們幾乎可以確定的是未來每一位擔任老師工作的人，在他們教導的學科項目上具有比較嚴格的訓練。「將每個孩童帶上來」的法規，有一項清楚的意圖，就是要終結一個現象，也就是要讓每一位老師在自己的學科領域擔任教學的工作；所以體育老師不必在配課的要求下擔任政治學的課堂老師，而駕駛員訓練的老師也不用因為某些原因而擔任幾何課程的老師。這樣的問題在我們國內最貧窮的學校體系最為急切需要，在那裡我們經常看到學生所面對的老師都是在自己熟悉的課程以外的學科擔任教職工作，而在一些社經地位比較高的學校，學生就比較不會遇到這類型的老師（Ingersoll, 2003）。

從法規和政治兩方面強調老師教學的品質是非常重要的，這樣的作為明確的承認我們過去幾十年在教育研究方面所得到的研究成果：也就是說老師的教學品質是影響學生學習成就的因素當中最重要的單一要素（Marzano, 2003; Reeves, 2002d; Sanders, 1998）。政策制訂者所面臨的挑戰就是要盡量避免將「高度勝任的老師」這樣的觀念，矮化為「擁有某個學科領域的學分」這樣的要求吧！在越戰時期，當政府公佈將延遲對神職人員招募當兵的義務，對於那些想要逃避兵役責任的民眾而言，甚至連郵購神職學位都成了他們急於想要購買的工具呢！四十年後的今天，在網際網路盛行的時代，透過網路獲得教育學位的方式可能是某些民眾想要逃避大學師資培育課程所要求的嚴酷教室環境（譯註：目前在美國經常可以看到透過網路「函授」課程的學位，公信力有多高，就值得我們去懷疑）。雖然我們發現確實有一些經營成功，也值得民眾花費時間和金錢去學習的網路訓練課程，不過有一個不可改變的事實仍然讓我們瞭解到，在教室裡面，面對真實的學生所帶來的挑戰，絕對不是我們單純可以透過網路學習到的知識和技巧。此外，我不認為有誰可以透過回覆一些在理論或理想狀況下的情境，學會處理學生問題的測驗題目，就懂得和真實學生在複雜的情況下互動的原理原則。想要成為老師最好的情形就是到教室去面對每一天真實發生的狀況，依據學生各種不同的興趣、動機與背景實地瞭解教學的複雜程度與應變措施（譯註：目前國內多數師資培育機構，僅在學生畢業之前讓學生到國小或國中擔任幾個星期的實習老師，然後就是半年、或一年的實習。可是國內對於實習的制度卻只規定擔任實習輔導的老師必須是級任導師，擁有三年以上的教學經驗。這種輔導資格到底有什麼學理依據，或者研究成果，顯示這樣的輔導資格可以協助實習老師在短短半年或一年之間，從一個準老師變爲一個眞實的老師，也值得國內教育學者認眞考慮）。

殘障教育法規與「將每個孩童帶上來」都適用的學生 ➲

在二〇〇三年國會曾經認真考慮針對學習障礙教育法規進行大幅度的修正，這也應該算是二十世紀後半葉一項攸關民權的重要法規。雖然聯邦政府針對殘障學生的保護措施從一九七〇年代早期就已經使用明文規定的方式呈現在相關的法規書籍，不過從現實層面來分析，我們瞭解在聯邦政府的期望與真實在各個學校推動的情況持續存在一些鴻溝。這個鴻溝存在的部分原因是聯邦法規在經費方面的兩難困境所形成的，當時的法規要求每一所學校針對特殊教育學生，提供一個「限制最少的學習環境」。然而不幸的是政府在經費協助各州和各個學校學區達到這項法規要求上，並沒有盡到政府該盡的責任，所以多數學校在沒有經費來源的情況下，就無法推動這項「限制最少的學習環境」的要求與理想。不過真實的情況，是州政府測驗的政策要確保施測時必須盡可能涵蓋每一位特殊教育的學生；這樣的要求和特殊教育法規要求學校需要針對每一位特殊教育學生設計個別化的課程與評量方式的作為相互衝突。在某些個案當中，州政府要求每一位學生都需要接受統一的標準化測驗，這個要求包含那些特殊需求的學生在內，這樣的作為與聯邦政府的要求相互牴觸，因為在聯邦政府的要求，特殊教育的學生在接受測驗時，測驗的命題應該針對每一位學生的個別需求去設計。對於某些學生而言，州政府的標準化測驗根本就不恰當，所以對於少數學生而言，將他們排除在測

驗以外倒是比較妥當的作為。存在於州政府和聯邦政府法規要求的這種緊繃情況，無可避免的一定要在法庭上進行最後的審判，這樣的情況更讓各地方的學校學區左右為難。因為他們要思考的就是到底要不要將他們原先想要投入在教育方面的預算，改成法庭訴訟的經費呢？

州政府的角色

在共和黨主政的早年，教育其實就是地方管理的事務。然而，在實務運作方面，「地方掌握」一直都是各界辯論的焦點。根據美國憲法第十款修正案，只要是沒有明白寫在那份文件上的政府權力都歸州政府所管。由於教育相關的活動在聯邦的文件裡面並沒有相關文字說明，所以如果以歷史的角度來分析，它就是州政府管轄的範圍了。在原先那幾個殖民地的州，例如麻州，自己在州政府的運作過程創造了州內的憲法保障學生獲得足夠的教育機會。當時麻州憲法的起草者，也就是約翰・亞當斯（John Adams），也很敏銳的瞭解到在聯邦政府與美國憲法都省略了教育這項題材，因此在麻州的憲法，明文確保教育劃歸在州的憲法當中有突顯的機會。其實我們可以這麼說，聯邦政府在教育方面的影響力，與其說是聯邦政府授與州政府某些權力，倒不如說是聯邦政府願意提撥多少預算經費給州政府來運作教育事務。如果有哪個州政府想要抗拒聯邦政府所提撥的教育經費預算（通常是整個州在學校教育經費預算的 5%到 20%的範圍，這要看各州學生族群的人口變項來做最後的決定），那麼那個州就有權力可以不理會聯邦政府對於教育方面的要求。聯邦政府的強制要求，只有那些依據美國憲法第十四條修正款，也就是對於平等的保護措施有關連的項目，例如對於種族或性別方面的歧視所衍生出來的不平等事項；或是根據第一條修正款，也就是阻礙民眾成立一個宗教信仰的自由時，才是聯邦政府有權力可以決定是否要給州政府經費補助的考量項目。

雖然「將每個孩童帶上來」的法規已經算得上是這個國家有史以來聯邦政府施加在教育方面的最大影響力。不過事實說明，那些推動這項法規的州政府才是最後決定是否要讓聯邦政府的法規，對該州學生的學習和學校的運作有所影響的關鍵。此外，那些已經通過美國聯邦政府教育部審查的州政府推動計畫，在內涵上有很多變化的可能性。每一州的州政府所頒布的標準因為各州的要求不同而有所變化，就連各州針對「每一年都要有足夠的進展」的定義都有很多不同的版本。有些州的個案將進展視為線性發展的關係——也就是說如果州政府認為在接下來的十年當中要呈現 50%的進展，那麼在接下來的每一年當中，州政府就應該可以檢視每一個學校的學生有 5%的進展，才是可以接受的進展情況。在其他州當中，例如俄亥俄州，則採用一個非線性的方式來看待他們所定義的「足夠的進展」，如果州政府想要看到他們的學生「每一年都有足夠的進展」的情況有大幅度的改善情況，就要等到二〇一〇年。所以我認為任何對於「有足夠進展」這項定義有所批評的人，都應該將他們的矛頭指向州政府，而不是聯邦政府。

「地方掌控」的末路➲

州政府有絕對的權威可以決定他們州內的學科課程標準，他們將如何管理課程與評量的模式，以及他們將要如何描述學生在學習方面的成就等等。很明顯的，州政府在教育政策方面還是擔負起主宰的力量，然而在州政府與地方教育體制之間仍然存在著緊繃的張力。即使在二十一世紀的麻州政府，他們在底下兩個項目上似乎仍存在著困惑與一些看起來沒完沒了的訴訟：

- 到底什麼樣子才能夠稱為「足夠的教育」？
- 「地方掌控」的意思到底是該由州政府，還是學區來管理教育的運作呢？

由於地方的教育委員會在制訂教育政策時享有很大的迴旋自由空間，包含學生的教導議題，到教科書的選擇，再到高中畢業文憑的條件，傳統上都是由地方的教育委員會所主導的項目。近年來由州政府所施加的課程標準、與州政府強制要求的評量，對於地方學校體制的權威形成了一種無比的侵犯。此外，在許多州的地方學校體制，像是堪薩斯州（Kansas）、阿肯色州（Arkansas）、與賓州（Pennsylvania），由於在這幾個州裡面的某些學區的學生總人口數也不超過五百人，所以限於經費的考量，他們可能必須考慮合併某些學區，以及和其他學區分享教育委員會的權力。因此我們可以直接了當的說，地方政府對於教育的掌控這項傳統正受到來自許多方面的挑戰，像是：

- 透過州政府所施加的課程標準要求，我們知道州政府提示決定州內各學區所需要學習的學科課程內容，絕不是地方的教育委員會可以決定的。
- 高中畢業條件的要求是由州政府決定的，地方學校教育委員會沒有這項職權。
- 一個州裡面的某些區域，包含長久以來的競爭對手，可能需要進行合併的作業，或者至少要考慮在學區之間合作，以提供行政服務的措施。對於一些學校而言，這可能是一項非常困擾的問題，特別是當學校在進行整併工作，使得某一個地方的社區失去了它原先擁有的城市代表——也就是當地的高中（譯註：目前國內也有許多學者提出偏遠地區的學校可以考慮合併的作業。主要不是將學校消滅掉，而是透過行政人員的整併，提供更有效率的學校服務，不過多數民眾認爲整併之後，原先的學校就憑空消失了，這是錯誤的概念）。
- 評鑑教育領導者與教師的條件，不再是由地方的學區教育局長、和管理的教育委員會所主導，而是透過州政府所制訂的教育品質標準來判斷。這項評鑑的標準更改對於教師品質的指標顯得特別重要，多數在地方階層的決定——例如哪位老師應該擔任哪一班的教學工作——不再是各校校長或學區督學可決定的項目，而是由州政府來決定。

即使面對州政府對於地方政府掌握教育權的侵蝕，州政府和地方學校體制在教育方面仍然保有一些最關鍵的決定權。聯邦法規針對州政府給予的授權範圍相當寬廣，包含建立各州的學科課程標準，到各州高中畢業生所需具備的條件等等，都還是屬於各州州政府的權限範圍。即使聯邦法規所包含的一些術語，像是在教育方面「每一年都有足夠的進展」，也都由各州以最寬廣的方式加以定義。有些州政府要求每一間學校要針對每一年應該進展的幅度給予清晰的定義，然而有另外一些州政府允許學校在最前面幾年的進展不用太明顯，等到稍後其他配套措施都已經完備時，再提升進展的速度就好了。有些州政府在「精熟程度」的定義上將標準制訂得相當高，因此這些州政府也都準備好當一大群學生與學校都無法達到這些高標準時，需要接受其他州政府的冷嘲熱諷。相對的，有些州政府將學生在實作表現上可以接受的水準壓得比較低一點，因此幾乎州內的每一所學校都可以滿足州政府的標準，這樣的作為可以避免各校被州政府教育廳的官員與媒體記者破口大罵的機會。

雖然每一個州的決策模式有它自己的批評者和擁護者，不過這樣的決策仍然無法擇脫一個事實，那就是這樣的決策還只是州政府的決策，而非聯邦政府的決策。地方階層的教育委員會、市長、縣市政府的官員、以及其他政策制訂者，如果將他們的焦點集中在州政府所推動的事務，而不是聯邦政府的事務時，就可以在教育政策上擁有相當強勢的影響力。

州政府在為學習而負責的績效制度上可以扮演哪樣的領導角色？

在國會通過「將每個孩童帶上來」的法規之後，在州層級的教育政策制訂者有一個空前未有的機會可以在學校教育的品質與公平性做出一個深遠的影響。聯邦法規提供非常有彈性的空間，想要認識這項彈性空間的最佳證據，就是目前已經由聯邦政府的教育部審查合格的州政府計畫，各州所提出來的計畫包含了各式各樣的策略。誠如前面提到的，有些計畫將「每一年有足夠的進展」定義成一個線性關係，而某些州政府則採用一個非線性的關係模式來定義這項規定；採用非線性關係的州政府提出來的「每一年都有足夠的進展」的定義，允許在推動的前幾年不必操之太急，不過在推動一段時間之後，等其他配套措施也相當完整時，就必須看到顯著的進展。有些州政府明確的包含學生轉學方面的掌握權力、以及學生上課出席率的資料，也都當作每一年有足夠進展的參考資料。有些州政府要求大規模使用實作評量來特別強調學生寫作上的進展，而其他州政府將他們在學生學習進展的說明集中在選擇題的測驗表現上。簡短的說，「將每個孩童帶上來」這項法規初期的影響特別強調它絕對不是聯邦政府提出的一個「一體適用（one size fits all）」的計畫，而是由五十個州政府所提出，令人驚訝的各種觀點。各州的州政府所提出來的計畫彈性將會是陪審團在做最後決定之前的重要參考依據。有些州政府使用他們全新的彈性規劃來提倡非常大膽的創新計畫（Christensen,

2001），而別的州政府只是將中央政府的官僚體制移轉到他們那一州的首府而已。在後面這樣的個案當中，聯邦政府原先規劃將聯邦政府的主控權，移轉到州政府所具備的計畫彈性、與地方掌握將會成為幻影。

州政府最核心的挑戰：建設性的績效制度

雖然聯邦政府的要求是要每一州的州政府回報他們的學生在接受閱讀、數學、與（最終也要一併考量的）自然科學測試，所得到的測驗成績，但每一州的州政府還是有機會將他們的績效體制，轉變為遠超過包含一系列學生測驗成績的表單。正如本書所提倡的「以學生為主的績效體制」，將會瞭解到這些成績單背後的意義，而願意在瞭解績效體制的真實意義後，深入探究他們所採用的資源、課程、教學、與學校的領導統御模式等。唯有當我們將績效制度以這種完備的觀點來看待時，州政府的教育廳才會瞭解到，或許在他們州內有兩個學校從外面看起來具有完全相同的測驗成績，卻有截然不同的學習在這兩所學校進行著呢！

沒有差異的區別：州政府運用等第的荒謬

當研究人員聲明他們在兩項測試的結果當中發現沒有真實意義的差別時（例如兩個病人接受體溫測量的結果分別是 98.6 與 98.5°F），他們不會強調某一位病人的體溫正在快速下降，因此需要針對那個病人下猛藥。相對的，他們瞭解到在任何一個人體裡面，存在著某種程度的正常變化，所以他們不會認為每一個數字上的區別就真的代表一項有意義的差別。這樣的教訓在州政府的政策制訂者堅持將學校微小的成績差別盡量以放大鏡的方式擴大，並且給每個學校貼上標籤時，就消失得無影無蹤了。我們甚至在這個國家看到一些最棒的績效體制在面對社會輿論的要求時，都會傾向於給每一所學校貼上不同等級的標籤。針對教室裡面的評量進行幾十年的研究結果，讓我們瞭解這種以一個單一數目字來代表一套複雜變因下的環境是那麼的具有吸引力。例如，有一個學生因為作業遲交而得到「乙下」的等第，即使她的作業都符合每一項學科標準的要求。相對的，另外一位學生所繳交的作業雖然沒有達到學科標準的要求，不過他在繳交作業時，是那麼的興高采烈、面對老師的時候也是畢恭畢敬的表現、當然更是準時繳交作業。他所獲得的成績等第也是「乙下」，這時候學生的家長不禁要懷疑，「到底成績等第代表著什麼意義呢？」同樣的，使用等第（或類別、或其他標示的方法）來評定學生學習成就的那些州都是依據一個單一的字母（譯註：國外通常使用 A、B、C、D 之類的等第來評量學生的學習）來代表一個非常複雜的變因所行塑的學習成果。當我在寫這本書的這一章時，我正好知道有一所學校正面臨兩難困境的嚴格挑戰。他們學校在州政府的測驗結果，將因為某一個年級的某一個學生的成績表現，決定他們學校的等第是否符合州政府的要求。如果在等第的評定技術方面，確定要包含這位學生的成績，那麼這所學校就沒有符合州政府的期望表現。相對的，如果在等第的評定技術上允許學校將這位學生的成績不予計算（在這個個案中，就是將他的成績從全校學生的成績單移開），那麼這所學校的績效就算是符合州政府的期望了。從這樣的個案當中，我們瞭解到全校平均分數的差別只在小數點的差別，但是這項差別卻可以決定那些在這所學校服務的老師和行政主管是否可以繼續工作，也是他們在專業上是否能夠擁有自尊的關鍵點呢！

諷刺的是，這樣斤斤計較的模式正好是州政府政策制訂者最不想要看到的影響層面。與其創造一個更嚴格的體制來提高學校對於每一位學生學習成就的高期望值，行政人員可以想盡辦法來和這樣的制度玩遊戲。我曾經在一個公開的論壇聽到許多行政人員說明他們應付這種政策的對策。他們通常採用安全範圍的方式來處理學生的測驗成績——也就是將老師的教學盡量集中在不及格邊緣的學生的測驗準備上，而不是盡量想辦法協助那些全校程度最差的學生的學習。畢竟如果州政府只在乎「通過精熟程度以上的學生人數百分比例」，而精熟的門檻是學生在接受測驗時要高過七十分，那麼多數的學校就不會投入心力在協助一位僅獲得二十分的學生，盡力引導他在測驗時獲得六十分的表現。不管這樣的學習成就是多麼的令人興奮，不過在一個只在乎有多少學生人數百分比超過七十分的體制之下，這樣的努力是完全沒有價值的。

州政府政策制訂者的指導方針

完備測量學生的學習進展情形

雖然大家都知道，「精熟或更高程度的學生人數比例」確實是課程標準制訂體系中一項重要的測量工具，不過它不見得是這個系統下唯一的測量項目。我們還可以找到更多合乎情理的其他測量工具，包含學生人數當中有多少百分比的人數比前一年評量時的學業進展又提升了一個年級以上的程度；或者是當我們將同一批學生和前一年比較時，他們當中有多少百分比例在一個項目以上的領域超過一個類別的精熟程度（例如，從「沒有達到標準的要求」，到「進展當中」，或者從「進展當中」發展到「精熟的程度」，或者是從「精熟的程度」發展到「進階程度」等等。）（譯註：這是採用評分指標的策略，將學生的學習以四到五個等級劃分他們的學習表現。從「沒有達到標準的要求」，到「進展中」，再發展到「精熟程度」，最後通常是「進階程度」。通常進階程度的學生已經代表他們的某項學習成就可以擔任該校的代表人物）。

測量傑出表現發生之前的蛛絲馬跡

（譯註：原文為 antecedents of excellence，當中的 antecedents 直譯時就是「徵兆」，也就是某些事情發生之前會出現的某些現

象，這裡直接翻譯爲蛛絲馬跡比較貼近國內用語）。州政府可以針對教學、課程、行政領導、課外活動、與其他學校本位的因素，發展一套和改善學生學習成就有明確關連的指標清單。在這份輔助的報告裡，學校可以選擇當中他們認為最重要的五到六項來進行報告。每一次挑選一樣學校本位的指標就代表了學校認為那樣的一個策略很可能可以改善他們學校學生的學習成就。從這一份報告所引發的洞見，不僅可以協助學校理解哪一種策略對他們學校最有幫助，也可以再整合州內各校所提供的指標報告之後，提供給州政府的政策制訂者一個可以進行研究發展的金礦。

提供質量並重的證據

針對學校氛圍、慶典和悲劇所做的敘事性描述可以提供一個重要的質性鏡片，讓我們可以補足量化統計資料上的不足。雖然每一所學校都可以使用相同的州測驗版本，不過每一所學校都有他們獨特的特質，所以這樣一頁敘事性的文字說明可以讓我們更清楚的瞭解為何一所學校會成功，另一所學校可能失敗的原因。由於每一州的州政府必須處理的績效統計資料非常的龐大，所以政策制訂者與一般社會大眾就非常可能傾向於將這麼龐大的數字以一個非常簡單易懂的成績表單來代表了。當我們有那麼多學校的學生需要一一考量的時候，我們怎麼可能根據每一所學校的個別基礎去認真考慮他們個別的特色呢？在這裡或許我們可以借用愛因斯坦的座右銘來引導我們吧！他說：「我們應該將事情儘量簡單化，就是這樣就好了！」所以雖然州政府負責教育的主管、或是一個教育委員會成員、或是民意代表可能沒有足夠的時間，閱讀每一所學校所提供的敘事性文字說明，但是當每一個階層的政策分析家擁有這些敘事性的文字說明當作參考資料時，他們就可以明瞭每一所學校的成績表單「背後的故事」了（譯註：其實這就像是許多優質的影片在獲得社會大眾的肯定之後，就會陸續推出「影片拍攝過程的花絮」，一來讓影片可以賣得更好，二來則是讓民眾瞭解拍攝過程的艱鉅，也就是這裡所指的「背後的故事」）。讓我們來想想報紙的呈現吧！當體育版和商業版只是例行性的呈現運動比賽的成績，與股票市場的價格時，那些對於運動或股票特別感到興趣的民眾就無法獲得他們想要的詳細資料。當記者詳細說明教練在更衣室所使用的策略、背景和人格特質時，喜歡體育版的讀者就會更加瞭解比賽成績所代表的意義了。同樣的，如果記者能夠呈現在會議室裡面相關人士使用的策略、財經背景資料、與企業經營者的品格時，對股票市場有興趣的讀者就能夠更加瞭解股票市場起伏的原因了。所以當我們在分析教育方面的實作表現時，如果能夠在數目字與文字說明兩方面有點均衡的報導時，就不會是不合理的要求了。

以一種前後一致的格式呈現資料

社會大眾對於學校的老師和校長都傾向於要求他們要參與「資料驅動的決策過程（data-driven decision making）」，偏偏這裡所提到的資料經常就是學生在州測驗所獲得的成績表單。在一個理想的情境下，當我們想要認真教導老師和校長去分析測驗資料的時候——這是他們在大學或研究所課程進修時根本不存在的課程——就會顯得非常的艱難。這樣的挑戰還因為州政府通常提供三項不同的測驗而顯得更加麻煩，一個測驗是閱讀、一個是作文、還有一項是數學；而我們在評量學生在這三項測驗的精熟程度所使用的專業術語與評量方式也都不同；所以更增加這項挑戰的困難度。讓我們舉個例子來說明吧！這三項測驗當中或許有一項測驗的實作評量採用七等級的評分方式，而另外一個實作評量卻採用四等級的評分指標來評分。所以在一個測驗得到「3」的成績可能不能算得上是精熟的程度，但是在另一項測驗卻是精熟的程度。每一項測試也都委託一個廠商以不同的格式提供學生接受測驗的資料（譯註：在美國各項測驗幾乎都已經商業化，有許多「測驗大公司」專門設計各式各樣的測驗。各州的州政府可以決定他們想要採用哪個公司所提供的測驗當作該州的學生都需要接受檢視的測驗），這種現象讓任何一位想要針對每一位學生，分析記錄他們在接受測驗時所得到的成績，顯得非常困難，甚至是不可能的任務。只有少數幾個州使用獨特的學生辨識方式，所以他們的老師可以追蹤同一個學生每一年的學習成就進展的情況。一般學校如果想要針對每一位學生進行個別分析時會採用的規準——不是例外的情況——就是老師和校長使用計算機逐一計算每一位學生的成績表單，才得以建構一份手工製作的學生實作表現成績，也才能夠進一步分析他們所需要的資料。

如果我們客氣一點的說，這種非常原始、又耗時耗體力的分析技巧，在我們投入成千上萬的經費在州政府舉辦的測驗合約的環境，是非常不合宜的方式。在可以預期的未來，州政府的政策決策者應該要求測驗合約的廠商彼此之間協調合作，才能夠提供一個單一的評分模式，以及一套描述學生精熟程度的專業術語。此外，廠商提供給每一所學校的測驗資料，應該是那種可以輕鬆運用在每一位老師桌上電腦的格式才合理。要解讀這些資料的電腦軟體不應該超過目前每一所學校都已經在使用的電腦軟體（譯註：例如 Excel, spreadsheet 等軟體，國外老師偏好後者，而國內多數學校偏好前者）。簡單的說，州政府測驗成績資料的供應廠商的終端「顧客」不單純只有州政府的教育廳和民意機構，還有州內每一位老師，他們可以運用這些測驗的成績資料來規劃他們改善教學策略的計畫，也才能夠改善學生學習的成就表現。

在強調配合州政府要求、與辨識老師們的最佳教學實務之間取得一個平衡點

多數州政府的教育廳都有一個法律賦予他們的責任，就是要確認州內每一件事情都符合法規的要求。此外，在過去幾年當中，聯邦政府所推動的計畫有相當程度的責任已經從聯邦政府移轉到州政府。因此，人們將會很自然的認為州政府教育廳的工作重點，就是要確認州內每一所學校都順從州政府的要求，而學校系統也經常將教育廳視為強制實施教育法規的場所，而不是當作最佳實務的資料來源。然而，在諸多州政府教育廳當中，確實有許多傑出的例子，他們都提供老師們所需求的最佳實務工作，同時也正在持續建構他們改善學校的各種方式。如果我們嘗試在這裡提到

任何一個值得特別注意的教育廳，將很可能因為我們遺漏提到某個教育廳而受到責難與批評。所以讀者在底下這些州政府的教育廳網頁都可以找尋到許多值得讚揚的項目；不過如果您在網路上找尋到某些州政府教育廳在要求學校遵從法規與找尋最佳實務之間取得一個平衡點時也不要太意外。一些值得讚揚的州政府教育廳網頁為加州、佛羅里達州、伊利諾州、麻州、德州、維吉尼亞州、威斯康辛州等（譯註：這些州的教育廳網頁都呈列在本書的附錄，讀者可以上網查詢相關資訊）。

將課程標準和評量的文件儘可能寫成一般社會大眾讀得懂的資料

這是可以挑戰任何一州的州長、資深教育官員、或州政府教育委員會成員的項目。請隨意挑選一個州內的學業標準——您可以挑選任何一個年級、任何一個科目——然後問問您自己是否可以使用精確的語文和您教導的孩童，與他們的家長溝通那項標準要求學生應該學到哪些知識或技能。也請挑選一個評量的文件——也就是那些剛從四年制師資培育機構畢業的菜鳥老師在取得教師證書之前，對於學生的學習成就與教學策略應該能夠掌握的理論要求——然後問問您自己是否具備足夠的教育背景，讓您能夠瞭解那些統計資料，並且實地運用那些統計資料。有少數幾個州已經開始挑戰這樣的要求，將它們的標準和評量文件以淺顯易懂的英文表達出來。不過在許多個案當中，政策制訂者還是會看到許多專業術語、複雜的文字說明、以及含糊不清的用語，將該州在標準和評量方面的文件形成一種令人無法穿越的文字和數字的結合。其實州政府的政策制訂者可以給學校最好的禮物之一就是表達出他們天真的一面——也就是當他們閱讀到一些不太常見到的文字說明時，願意提出問題質詢各科的專家學者，以免讓提出問題者所精心規劃的問題讓專家學者誤認為他們是故意挑毛病的人（譯註：這一點建議眞的非常貼切。國內在推動九年一貫課程時，許多國民中、小學的老師對於能力指標的解讀都沒有受過實質上的訓練，卻必須立即趕鴨子上架的寫教學計畫書、和期末評量的評量單，難怪多數學校委託教科書出版商進行這些教學計畫書、和評量的要求。如果有國內的政府官員能夠天眞浪漫的找尋專家學者來質疑某幾項能力指標的意思，那麼每一位老師也都能夠輕鬆解讀能力指標了）。當我們討論到教育績效體制的建構過程時，複雜的文字用語所帶來的幻影絕對沒有任何好處，樂意採用淺顯易懂的文字說明絕對沒有任何惡意。

為市民的討論提供恰當的氛圍

州政府政策制訂者針對教育議題所能夠做的最佳貢獻就是針對這些教育議題進行公眾辯論時所展現出來的態度了。州政府的官員都是天生對於政治感到興趣的人。我在這裡使用「政治的」幾個字的時候，並不是採用嘲笑和負面的語調來說明；相對的我是使用這幾個字的精確意義。政治運作過程的真實意義就是廣泛的社會大眾和多元的選民聲音都可以提出來發表，而選民所選出來的官員就必須針對這些不同的聲音，挑選出那些針對大多數選民有好處的聲音當作他們評斷的標準。這些判斷也從來不是放諸四海皆準的廣受歡迎，不過形成判斷的過程可以是一個引發尊重和民眾參與的過程，也可以是一個產生不信賴感和分離主義的過程。在牽涉到孩童與工作的政策項目上，通常都會有強烈的感情牽涉在內，張力也都非常緊繃。不過，當一些經過深思熟慮研究過的替代性政策，被反對陣營使用一連串的情緒用語與「為反對而反對」的挑釁行為所取代時，那麼在辯論教育政策時的氛圍就會是一個徒勞無功的努力了！在我所寫的另一本書，就是《針對標準的領導者指引》（*The Leader's Guide to Standard*s）（Reeves, 2002c）中，我建議州政府的官員和每一個想要在州政府政策制訂者面前發表意見的人一些思考的模式。首先要考慮的就是我們的發言內容是否和改善州內每一位學生的學習成就有所關連呢？如果我們天真的認為某個構想有他的好處，或是某些人強烈的想要推動某個構想，或是某個想法可以影響某個社區、鄰里、乃至於某些學生的學習機會，就足以說服政策制訂者，那就成事不足，敗事有餘了。這樣的構想必須和州政府所制訂的主要教育使命有密切的關連性才得以獲得重視的。其次，我們發言的內容是否有任何證據支持，而這些證據是否又可以個別去確認呢？在我們發言的內容裡，必須經常使用「研究證明」和「調查的結果指出」之類的詞句，讓我們所提出的證據和引用的詞彙獲得強而有力的支持。州政府所頒訂的標準應該是這些「證據強而有力的說明」，而不是透過一系列相互抗衡的優美文字；每一個證據都要有一篇文章、軼事、研究、或圓滑的文字說明來支持我們所提出來的每一項觀點。第三點，倡導某些觀點的支持者是否能夠針對反對人士所提出來的問題先進行一番深思熟慮，或者只能夠像鸚鵡一樣的背誦某些早就準備好的講稿呢？最後一點，倡導者是否能夠在一個充滿禮儀與尊重的環境下回應這些經過深思熟慮的問題呢？我們都瞭解州階層的民意代表和教育政策制訂者之間相互較勁的力道，無可避免的會產出一些經過妥協之後的結果，偏偏那些妥協後的結果根本就無法滿足任何一個觀點。我們可以將這些政策塑造為一個給我們的市民和孩童引以為傲的政治體系，讓他們瞭解和尊重那些不同意見所代表的推理之間的差別；最重要的就是要在未來有機會參與政治的時候還願意繼續參與這項過程。

Chapter 7

將整片拼圖拼起來：標準、評量、與績效

為何要標準呢？

教室內的評量：必要的連結

雖然這本書的焦點是在討論績效制度，不過如果我們沒有進一步討論績效制度發生的情境，也就是學科標準與學生學習的評量，就無法完成這本書的深度討論了。在過去這十年當中，學科標準的使用原先是在十幾州進行教育改革時擔任基石的工作，後來轉移到全國五十個州同步推動課程與評量的基石。在那個時間之前，大多數已開發國家都已經建立了他們那個國家的學科標準，當中也有許多國家更依據國家的學科標準發展出課程標準。儘管我們看到標準在全世界各國這麼流行著，不過在怎樣推動標準方面卻仍存在著很明顯的矛盾（Reeves, 2003a, 2003b; Reeves & Brandt, 2003）；也有專家學者認為標準的推動基本上已經剝奪了地方政府對於學校的掌握權，更影響老師在學科領域上的判斷（Ohanian, 1999）。在這一章的說明中，我的目的不是要將那些辯論的內容重新修飾，而是要將這本書所倡導的教育績效制度與標準的使用作一個必要的連結。我不認為鐘形理論所強調的學生學習成就分布圖是正確的，我們需要使用不同的績效制度來評量學生的實作表現。最後，我也會考慮標準與建設性的績效制度對於教室評量的影響。雖然針對教育績效的討論也都無可避免的要將討論的核心集中在外界所施測的評量上，這本書持續推動的一項主旨，認為教室裡面那位老師對於學生學習的判斷，也應該是一個完整的建設性績效制度當中的一部分。教育績效制度中有一個無與倫比的謊言，就是認為一旦州政府教育廳開始主動推動標準化測驗，將會讓老師在教室裡面所進行的評量變成微不足道的工作。實際上，評量素養在最近一段時間已經承擔了一項嶄新的重要任務（Stiggins, 2001）。唯有當績效、標準與評量能夠在教室階層完整的整合在一起，我們才有可能獲得教育機會均等，以及公平的對待每一個學生；也唯有如此我們才能夠透過改善學生的學習成就來改進老師的專業素養，讓我們的教學能夠滿足社會大眾對於我們的渴望。

為何要標準呢？

二次世界大戰的英國首相，邱吉爾在提到民主政府的運作時提到「這是所有系統當中最糟糕的一個——除非我們還有更好的選擇」。這樣的觀點也可以類推到學科的標準上。目前我們所採用的學科標準數量太多了（Marzano, 2003），有時候對於教導的學生年級也非常不恰當（Reeves & Brandt, 2003）。此外，為了滿足聯邦政府所要求的標準，各州州政府所使用的文字也有很大的變異性，通常各州會使用像是「指標」、「目標」、「標竿」、與「標準」來說明他們對於學生應該學習的知識和技能（Reeves, 2002c）。因此，標準的基本意涵已經在教育政策制訂者與理論家之間的混亂關係、術語和不很精確的表達當中迷失了方向。在我們確保標準的討論可以有一個建設性的功能之前，就必須將過去這段時間的混亂關係加以整頓一番，也必須承認過去這段時間我們所犯的錯誤，這樣才能夠還給標準一個清白。

標準還是鐘形理論的成績分布圖？

我們有兩種方式可以評量學生的實作表現。我們可以將一個學生的實作和另外一個學生的實作進行比較、或是和一群學生的平均進行比較；另一個方式就是我們將一個學生的實作表現，和一個目標性的標準進行比較。當我們採用前面那種模式，我們就接受了「平均分佈」的邏輯思考模式、或稱為鐘形理論的分布模式。我們不在乎一個學生是否達到某種結果，而是想要瞭解接受測驗的這位學生和他的同儕相比較之後是好還是不好。這樣的比較過程在某些範例當中是有意義的。例如，我們可以確認在經過世界大賽（world series）之後，只有一個最後的優勝者，而這樣的優勝者是從加拿大的兩個城市，與來自美國三十個區域所代表的體育團隊。另一方面，在美洲杯公開賽之後，也只有一個國家可以獲得最後的獎盃，在我撰寫這本書的時候，就是由瑞士和紐西蘭兩個國家相爭。只有一個國家可以獲得板球（cricket，譯註：板球在英屬國家是非常熱門的運動項目，就像是籃球和棒球在我國的風行程度）的世界杯冠軍，通常都不包含美國、中國、與俄羅斯等國家。這些競賽的每一項都分享了一個概念，就是在競賽比較的基礎下決定最後的優勝者；當然每一種運動項目也都有它特殊的風潮、以及文化的相斥性。每一項運動的裁判不在乎誰才是有能力的游擊手、打擊手、或舵手，而是要仔細觀察誰打敗了誰，才是裁判的主要工作。勝利意味著競爭者之間的能力多寡

（Victory connotes competence）。如果我們將這樣的個案從板球的比賽轉移為輕航機的駕駛，或是從球場的競賽轉移到汽車的駕駛員，將會形成哪一種情況呢？當一個飛機的機長宣布說：「我很高興在飛航測驗我所獲得的分數高過我的競爭者，不過我還不是很確定我該怎樣安全的降落這架飛機。」的時候，應該不可能感受到任何興奮的感覺！同樣的，當一位青少年駕駛懇求我們說：「老天爺，讓我喘一口氣好嗎？雖然我開車確實發生車禍，不過這次車禍所造成的凹痕如果和鮑伯在他們家那輛車所造成的凹痕相比還差得遠呢！」我們應該也不會留下深刻的印象吧！在考量安全的事務上，我們不會將飛機的駕駛和青少年車手作彼此間的比較，而是和一個目標標準進行嚴格的比較。我們要求每一位飛機駕駛必須在飛航課程上進行相同數量的起飛和降落，我們也堅持每一位車輛的駕駛必須遵守道路的規則。在生死攸關的項目上，我們採用標準。在遊戲的競賽上，我們使用比較測量的方式來呈現優勝者。

標準——沒什麼新鮮事

對教育而言，標準這種東西絕對不會是新鮮事。在職業學校與技職教育領域，如果老師在沒有足夠安全標準的考量下進行教學，就可能會將他們的學生推向職業傷害的地步。因為職業傷害只剩下九根手指頭的學生，不會比只剩下八根手指頭的學生在電動圓鋸的操作測試獲得「更懂得安全維修」的獎勵。在那樣的職業與技術教育訓練課程當中，都有一套嚴謹的安全標準，要求每一位師生嚴格的遵守，這樣的標準有明文規定，每一位學生離開那間教室的時候，應該和他們走入那間教室時擁有一樣多的手指頭。幼稚園的老師也不會期望他們的學生應該比他們的同儕多認識幾個字母，而是要求每一位學生對於每一個字母都要清楚認識。當評量的方案相當精確且清晰的時候，評量的結果可以告訴學生和他們的家長，到底學生在學校學到哪些字母、顏色、形狀，也因此學生和他們的家長才知道要進階到下一個年級之前，有一個清楚指引的方向可以遵循。音樂老師對於A大調與降A大調之間的差別也非常有信心，前者相當於每一秒鐘震動440回，也可以透過一個標準的調音音叉、或電子儀器來辨識與矯正。他們從來都不會說：「你在A大調的演奏比今天我們聽到的任何一個人的A大調演奏都要優秀，你可以當作這一班同學A大調的最優良表演者了！」相對於這樣的說明和教誨，他們會協助班上最優秀與有待加強的學生持續練習、調整、傾聽、再調整樂器，一直到學生達到標準要求為止——精確完美的演奏出A大調的樂曲。

那麼為何標準會變為這麼一個具有爭議性的題目呢？推動的人員在標準推動的過程當中，是否也經常犯了前後矛盾、甚至充滿彼此仇恨的心理呢？最好的解釋就是我所提出來的範例，闡釋了不費多少力氣就可以得到的共識，也可以清楚劃分那些達到標準要求，與沒有達到標準要求之間的微小差距。不過如果我們討論的場景改變了，例如技職學校的教室安全規則改為沙特（譯註：from safety to Sartre，沙特爲二十世紀一位著名的作家，作品中以

《嘔吐》、《蒼蠅》等書比較受到歡迎）、從幼稚園改為齊克果（譯註：from kindergarten to Kierkegaard，齊克果爲丹麥人，一八一三～一八五五，被尊稱爲存在主義之父）、或者從音樂改為馬爾薩斯時〔譯註：馬爾薩斯（Malthus，一七六六～一八三四）的《人口論》（*Essay on the Principle of Population*）於一七九八年出版，這本書對於達爾文思考演化論有相當巨大的影響。馬爾薩斯認爲人口是依據幾何級數增加，而糧食則是依據算術級數有限的成長，若不能節制人口的成長，就會造成生存的競爭和不適者的淘汰〕，客觀的態度就被主觀的信念所取代（譯註：作者使用了三對有點相似的文字來說明人們信念的轉變，例如音樂爲 Music，轉換爲馬爾薩斯 Malthus。但是人們對於原先的音樂、幼稚園、數學計算都保持相當客觀的態度，一旦轉爲文學的討論，就成爲非常主觀的態度了）。在文學、哲學、或社會科學的領域上，爭議仍然持續在進行著，精熟的定義就不再那麼清晰明白了，而學生在實作表現上可以接受的學習成就，必須依賴專家的判斷與解讀。這樣的邏輯推理相當吸引人，特別是對於那些學者專家而言，他們的判斷還可以保有地位，其實和他們在他們的領域所保有的神秘感有直接的關連性呢！如果學生並不明瞭一個判斷是如何衍生出來的，不過他們對於執行判斷的系統相當依賴，那麼這個系統就可以確保沒有任何過失。讓我們在這裡稱它為「綠野仙蹤」的效果吧！那位權高位重的巫婆如果不是因為桃樂絲與多多躲在門簾背後看到真相，她就可以繼續保有她的權力。不過就誠如法蘭克·鮑姆（譯註：Frank Baum，《綠野仙蹤》的作者）提醒我們的，綠野仙蹤與欺騙的行為在實質上並沒有太多差別呢！同樣的，在任何一門學科的實作表現也是一樣的道理。在學生精熟程度的描述方面注入一些神秘的觀點，在執行面上並不怎麼複雜，只是有點困難而已。要描述如何讓一位學生成功的歷程是非常困難的事情，這也是讓教學這個專業顯得非常複雜的主要原因之一。在我們想要將一個學習成就正在快速進展，卻還未達到精熟程度的學生，與一個已經達到精熟程度的學生之間找出他們之間的差異；或者是辨別一位達到精熟與另一位已經有傑出表現的學生之間的差別時，顯得力有未逮的原因了。不過這卻是老師們每一天的每一分都必須做的工作呢（對這主題有興趣的讀者，請參考譯者翻譯的另一本書：《複雜的教學世界》）！

依據標準進行測驗的特性 ➲

依據標準進行評量測驗的模式和那種以鐘形理論為理論依據所進行的評量真的是天壤之別。這樣的差別展現在標準的運用核心，也就是在公平的推動一項績效制度的時刻。為學習負責的績效制度的基本理念並不想瞭解誰打敗了誰，而是想要探究到底有哪些學生、學校、老師和學校領導者滿足了標準的要求，達到傑出的實作表現，並且提供公平的教育機會給每一位師生。如果您不太確定您服務的學校或學區在績效制度上到底是採用了哪一種評量的模式——依據標準而制訂的評量，或是鐘形理論的評量模式——底下的對比應該可以讓您對這兩種替代方案有更清楚的認識。

標準是固定的；常模會改變（Standards are fixed; norms move）。在我們運用畢達哥拉斯定理的時候，沒有50%過關的機會。直角三角形斜邊的平方等於另外兩邊邊長長度的平方和，就是如此，沒有其他選擇。我的學生在學習幾何概念的時候，不是比他們的同儕只多認識一點幾何概念就好了。他們必須理解畢氏定理，並且懂得如何運用這個定理才行。對於學生學習的每一個領域範疇，不管他是在自然科學實驗室的安全守則，或是在高中即將畢業之前必須繳交的畢業論文遲交了，或是在二年級的數學課運算簡單的加法等等學習的項目，老師可以建立固定的標準，期望每一位學生都可以達到那樣的嚴格要求。學生的實作表現會邁向一個清晰且永不改變的目標。如果這個目標是要去打敗其他的學童（特別是當我們期望學生打敗的那群學生，是由測驗公司依據全國學生人數抽樣代表所得到的一個匿名的樣本時），那麼學生要達到的標準就顯得相當含糊不清，也讓學生難以理解他們真實要達到的標準為何？在實作表現的時候，我們從來都不曾知道我們是否已經達到目標了，我們甚至在實作表現結束之後的那一刻也不會清楚瞭解是否已經完成使命。唯有當我們將我們的作品和其他人的作品相互比較之後，我們才知道我們的實作表現是否令人滿意。相對的，在一個依據標準進行的環境下，學生、老師與家長在獲得成功的當下，就會立即知道他們是否已經完成令人滿意的實作表現了。如果我們還沒有達到令人滿意的水準，我們不需要等到外界的專家告訴我們，而是馬上可以決定學生的實作表現與期望的標準之間的差別，並且提供立即的回饋，讓學生在非常短的時間內就可以有另一次展現成功的機會。鐘形理論的評量模式是要宣布哪些學生沒有成功完成老師交代的任務；不過由於依據標準進行的評量模式，對於標竿的定義非常的清晰透明，所以它將允許每一個學生邁向成功的旅程。

標準強調合作；常模則強調彼此競爭（Standards are cooperative; norms are competitive）。當我詢問一些雇主在聘用新手的時候，他們期望二十一世紀的學生將具備哪些能力，他們鮮少認為學生需要記憶許多知識和技能。相對的，幾乎每一位雇主都會堅持的認為他們未來聘用的人手應該擁有一個良好的工作習性，也能夠在一個團隊的環境下工作。這樣一種合作的精神在學校的教育時可以慢慢培養，或者盡全力消滅它，而學校在鐘形理論分布圖與標準的選擇時就提供這樣一種明顯的機會了。當我們的學生瞭解到他們不必精熟於某些科目，只需要打敗他們的同儕，那麼合作的氛圍就蒸發了。每一個人都可能沒有達到一項自然科實驗預期的結果，不過只要莎拉所繪製的圖表比伊蓮的還要井然有序，那麼我們就可以假設莎拉如果不能夠獲得精熟的成就等第，也比較有可能獲得優秀的成績。這樣的鏡頭在每一天晚餐的餐桌上，當孩童聲明雖然他們的作業並沒有達到老師期望的標準，不過「還是比其他的孩童好多了」才會終止下來。當我們採用這樣的辨解方式時，我們其實是在為平庸的未來鋪路。當某些學生在這種環境下達到精熟的程度時，他們有一種強烈的抑制因素，讓他們不願意協助他們的同儕繼續往精熟的程度前進。

這樣的表現和我們在第五章所回顧的那些學校簡直是天南地北的差別，在那一章所描述的學校，即使是一些沒有經過訓練的觀察者也可以感受到協同合作的精神。雖然個人的成就是受到尊重的，學校也慶祝這種成就，不過唯有當一個小組的每一個成員都達到目標時，才可以算是成功勝利的把握。在這些學校的許多角落到處存在的圖表和圖形，讓我們知道他們的目標是要協助每一位學生都獲得精熟的程度。獎盃的櫃子並不是侷限於展示個人或小組的成就，而是要展示他們如何讓 100%的學生都達到同一個目標的旅程。高曼〔譯註：Goleman（1998），高曼是全球著名的情緒智商原始倡導者〕，及高曼、伯亞堤斯與馬祺〔Goleman, Boyatzis, and McKee（2002）〕都相當確定的指出學生的情緒智商——同理心的運用、自我控制的訓練、與別人合作的能力——對於他們是否能夠在未來的工作場合表現成功，遠超過他們的智商、或分析智商（譯註：分析智商是耶魯大學的IBM教授，史坦伯格所提倡的智慧三元論當中的一項）的其他量測值。當然，學業功課和傳統智商也都是重要的概念；他們是我們在工作職場上能夠勝任的必要項目，不過如果想要獲得完整的成功經驗，就顯得有點不足。因為標準要求學生不僅瞭解他們自己的需求背後所帶來的複雜資訊，同時當他們看到同儕在熟練一些項目時遇到瓶頸，也會以同理心的方式對待同儕，所以我們認為標準促進情緒智商的運作。這種強調彼此協助、替代的教學技能、同情心的運用、與小組對於學習項目的熟練上的承諾，恰好就是這個世界上最精密的科技企業所需求的能力，也是學校可以提供給學生嘗試的練習，只要我們放棄以競爭的方式經營學校，改以標準當作學習成就的成功指標，就可以達成目標。在競爭的環境下不僅會產生不夠精熟的優勝者，就長期來分析，還可能會創造一些精熟的失敗者呢（譯註：這裡應該是認爲有些學生經過多年的失敗經驗之後，學會如何在人生旅途上鑽牛角尖來迎合他人的需求，卻忘了自己人生的規劃）！

標準是具有挑戰性的：常模註定要注下沈淪（Standards are challenging; norms are dumbed-down）。在辯論標準的早期日子裡，有一篇文章相信鐘形理論評量結果的擁護者認為唯有在學生成績之間進行比較才能獲得嚴謹的學習成果。這種論點認為，任何一個教室裡如果每一位學生都獲得A的成績，就是在成績上灌水，或是降低標準的作法。當然，如果在一個班級裡面完全沒有學生獲得A的成績，還有太多學生的成績非常爛，那麼這樣的班級就會受到社會大眾的批評，成為學校裡面的問題班級。因此他們認為如果成績能夠以常態分布的方式呈現，也就是有少部分學生的成績不好，多數學生的成績擠在中間位置，還有少部分學生的成績優異，才是一個自我實現的教室情形。然而當我們看到越來越多的學校真實投入標準的推動，對於那些支持鐘形理論才是嚴謹教學的觀點，就值得我們加以測試他們的公信力。就誠如我們在高度貧困的學校反覆看到的現象，他們都在以標準為依據的學習環境下邁向成功的旅途。我們看到在這些學校擔任教職的老師已經不再相信低成就是貧困學生的專利；相對的，他們期望學生不會因為貧困而對學習失去興趣，而是展現高度的期望，期望

每一位學生都能夠接受挑戰性的課程。當他們說（通常也這麼認為）：「失敗不是一項選擇」，這些老師和他們的學生正在參與的不是呼喊口號而已。他們明確的拒絕了鐘形理論的評量模式，想要熱切的擁抱一個讓每一位學生都可以獲得成功機會的標準。他們完全不是降低他們的標準，這些學校邁向卓越的教學，所以他們學生的學習成就如果不是超越那些高社經地位的同儕，至少也和那些高社經地位的同儕具有同樣的表現。

就誠如評論者感嘆現在的學校課程越來越往下沈淪，他們指責的箭頭應該朝向正確的方向——不是朝著老師，而是要朝著一個勉強接受不良的實作表現的制度，在那裡人們認為「學生的表現只要比其他孩童的表現優異就可以算是優等生」。當某些學校學區明文規定在高度貧困的學區所使用的標準比一般學區所使用的標準來得低的時候（Goodnough & Medina, 2003），他們也明確的告訴社會大眾，標準並不是前後一致的要求。更糟糕的是，他們告訴社會大眾，在貧窮家庭成長的學生就會有比較低的標準和期望。讓我們想像一個會讓社會大眾狂叫的現象，那就是當某個地方的衛生部門宣布他們將降低極度貧困區的餐廳的衛生標準，只因為「每個人都知道我們不太可能期望那些在貧窮的餐廳工作者，可以和那些在富裕社區工作的人獲得一樣高的學習成就」，那麼社會大眾將有哪樣的表現呢？接下來的種族歧視與階級歧視的指控將會引發社會大眾的公憤。然而當我們使用相同的邏輯推理，使用不一樣的標準讓貧困和富裕的學區可以遵循時，卻看到在某些地區大肆慶祝並推展這樣的理念。《紐約時報》曾經引述一位自認為是「擁護孩童權益者」提到：「全國民眾都瞭解到你不可以拿蘋果來和橘子相互比較的。你根本就不可以比較那些來自於史卡戴爾地區（譯註：Scarsdale，這是紐約近郊白領階級集中的區域，代表富裕的地區）的學生，與那些來自於布希維克（譯註：Bushwick，這是紐約布魯克林區所涵蓋的一部分，是美國早期移民最早定居的一個地方。由於歷史太悠久，所以反而成爲紐約市貧民區）的學生。就是那麼簡單。」

這樣的論點在許多沒有事實根據的環境下圍繞著許許多多的教育爭論，不過如果讓這樣荒謬的主張就如此毫無異議的被社會大眾所接受，那就是一件非常冒險的事務了。首先，我們可以從許多擁有貧困學童與少數民族為主的學校找尋到非常多的證據，可以證明他們也有許多學生獲得高度的成就表現。羅伯特（Robert Marzano, 2003）近期針對這個議題在過去三十五年所累積的研究報告進行後設分析（meta-analysis），結果清楚的指出，學校裡面的因素，包含時間的規劃、課程、回饋、經常性的評量等等，對於學生學習成就的影響，遠比學生在人口變項上的影響來得更大。我自己也曾經針對高度貧民區，少數民族為主，卻有高度實作表現的學校進行長期的研究，也在這堆研究上面增加一顆小石頭。這些成功故事鮮少出現的主要原因並不是貧窮和少數民族的學生能力不好，而是政策制訂者不願意為這些貧窮的孩童提供一個和富裕地區學童所享有的期望而已（譯註：這是教育社會學通常會強調的一個觀念，那就是在教育領域擁有權力的既得利益者會繼續維護他們辛苦贏來的成就和利益）。

教室內的評量：必要的連結

當我在寫完這一章的最後一段文字時，我接到某一個學區的教育局長來電，這位教育局長在她原先服務的學區推動改善學生學習成就與公平的教育機會方面有顯著的表現。她所運用的技巧當中最重要的一項就是在每一個年級都實施共同的評量、教師之間協同評分。每一個月，學生、家長、老師與行政人員都知道學生在他們認為最重要的標準上的實作表現成績。他們知道州政府的測驗對於許多學生而言是一種無濟於事的策略，州政府的測驗所提供的回饋也不足以深遠的影響學生的學習，以及老師在課堂上的教學活動。另外，這些了不起的老師都有許多故事可以和社會大眾分享，他們也認為學生的學習成就值得他們每一個月舉辦一次慶祝活動。最後，每個月所提到的資料都讓學校的工作同仁可以在觀察另一位伙伴的成功經驗時彼此學習，更可以想辦法迎頭趕上他們同仁所使用的最佳實務工作模式。即使有這些成功的歷史，挑戰還是不斷的湧現出來：

「如果老師每一個月都公開他們的評量結果，他們可能彼此較勁，這將會是一個讓人蒙羞的經驗。」（讓我根本沒有機會說明這項比較的目的是要找尋最成功的實務工作模式，而不是要研究羞辱他人的模式。）

「如果我們公開這些資料，老師將會因為擔心被學區解聘而感受到強烈的恐懼感。」（讓我根本沒有機會說明學區非常樂意針對這一點進行規範，強調學區不會因為學生一次評量的結果，解聘任何一位老師的工作權利。）

「我們目前已經有許多針對老師和學生的壓力了，這樣的作為只會提升這些壓力的感受。」（讓我根本沒有機會說明學生和老師從州政府所要求的評量仍然持續產生，而使用當地共同評量的方式讓老師和學生都可以因為他們經常有進展而慶祝，或是當實作表現不良的時候，可以快速的修正方向，不必等到一整年後才可以確認他們的學習真的有所進展。）

完備的績效制度所提供的證據是那麼的清晰明白：教室裡進行的評量，由學校的老師創造評量的工具，並且進行評量的工作，這才是教育績效的金字招牌。或許有人會因此而認為老師們就會擁抱這個哲學理念，因為這個作為將他們視為專業人士，並且認為他們的努力與那些會吸引社會大眾青睞的國內著名測試出版商可以平起平坐。然而，令人驚訝的是誓死抵制這種教師自行創造的測驗，並不是來自於國內著名的測驗出版公司，而是來自於教室的老師群體本身。在教育績效的這條旅程上，我們已經來到了一個十字路口，前面的兩條路都不可能讓我們再回復到以前那種不會受到社會公眾詳細檢查的最低標準的績效時代。其中有一條岔路——也是在二十一世紀初期這幾年被絕大多數學校採行的模式——就是邁向那種由外界力量干預的績效制度。在這種績效的模式下，老師只是輪軸上的一個齒輪，盡他們最大的能力訓練學生去接受那些由外部人士所創造的測驗。他們的價值則是由他們

的學生在這些測驗的成績表現來決定；每一個個別老師在教室裡面採行的行動，他們精心設計的課程，與他們領導者的決定都是無關重要的事項。在這條岔路的道路指標尖叫著：「只要給我們測驗的結果就好了。」如果在一個減重運動的情境裡，這條道路的支持者不會在乎病人會減重的原因可能是適當的飲食與運動的結果，或是因為食慾不振與吸食毒品所帶來的結果——對這些支持者來說，只要減重的結果達到原先設定的目標，賓果！他們就會非常高興，支持這種績效哲學觀的人就會感到心滿意足了。

另外一條岔路提供一個比較具有挑戰性的模式，當然在獎賞方面也會更加豐富。雖然績效一定要包含外在測驗的成績，不過如果一個制度是完備的，無所不包的，也是建設性的制度，那麼他們就會將焦點集中在學生在教室階層評量的結果。這些教室裡面所進行的評量也不會是躲躲藏藏的祕密；相對的，他們將和州政府所頒訂的學科標準以透明公開的方式相互連結起來。每一位學生都將有機會可以成功的獲得嚴謹的挑戰。由於這套績效制度所提供的回饋意見是立即的，是明確的，所以這些評量將用來改善學校裡的教學與學習的事務，而不是單純用來評鑑學生和學校的辦學好壞。如果我們所創造出來的績效制度並沒有特別關注教室裡面所進行的評量、資料分析，以及接下來在教學、課程、與領導方面的改善，那樣的績效制度改革將會成為我們每一所公立學校的夢魘，卻是學區用來當作公共關係使用的工具。真實為學習擔負起責任的績效，和上面所提到的正好相反，將攻擊目前針對教育政策進行辯論的交戰雙方立場。由於我們所強調的是學習方面的測量，也包含了外界所提供的評量方式，所以強而有力的績效制度的擁護者，向社會大眾報導的項目，以及外界使用的標準都會受到這套績效制度的認同，而不是將這些以往的績效制度完全排除在外。也因為我們強調教室裡面進行的評量，以及尊重老師的創意和判斷，所以老師帶領的績效制度的擁護者也會受到這套制度的認同。然而，對於這些擁護者的認同，並不意味著我們滿意這樣的模式。公立學校的批評者將持續忽略教室裡面和學校裡面所提出來的證據，並且將他們的批評完全集中在那種常模測驗所得到的平均測驗分數。他們仍將例行性的讓社會大眾瞭解一件毫不令人意外的發現，那就是我們永遠有 49.9%的學生在測驗時低於平均標準值。績效制度的批評者也將會持續抱怨外界所施加的測驗，不過他們還是認為老師可以決定他們在教室四面牆壁所封鎖的密閉空間，統治那間教室裡面的課程與評量。

這個持續交戰的雙方都不會對本書所提供的完備方式感到滿意。不過在我們面前的選擇並不是要去打敗交戰當中的任何一方。相對的，我們必須檢視所有的證據，考慮我們那些可憐兮兮的學生的真實需求，並且做出最妥當的判斷來進行我們的績效考核。只要合宜的推動，我們相信完備的績效絕對不會是一個終點目的，而是一趟永無止境的旅程。不管測驗的成績怎麼說，不管學生的人口變項如何改變，不管政治風向朝哪個方向吹，完備的績效制度讓我們尊重老師和學校領導者所做的決策。有一項幾乎可以確認的，就是本書所推薦的某些技巧將不適用於您所服務的學校，或貴校其他同仁。完備的績效提供的不是一個完美無缺的操作模式，而是一套系統化檢視教學實務、課程與領導統御的決策模式。這樣的檢視帶領我們去辨識成功的模樣，也讓我們瞭解錯誤的可能性，以及持續改善整個學區的教學與學習。

附錄一

完備績效制度的一個樣本說明*

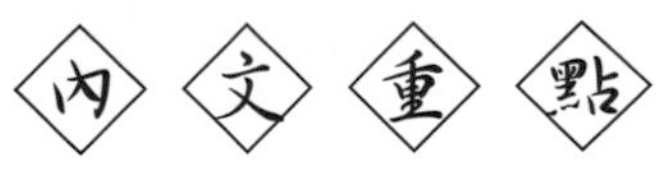

- 1.0　執行摘要
- 2.0　績效制度的架構
- 3.0　階層一：整個體制的指標
- 4.0　階層二：學校本位的指標
- 5.0　階層三：學校的敘事性故事
- 6.0　專業發展的計畫
- 7.0　溝通的計畫
- 8.0　中央辦公室的績效制度

⋙附錄 A-1：績效任務小組的組成成員

⋙附錄 A-2：階層一的指標

⋙附錄 A-3：階層二的指標

---

* 這個樣本代表目前在許多學校體制已經在運作的真實績效制度的綜合體。我在這裡要特別感謝維吉尼亞州的諾佛克公立學校讓我在這裡大量引用他們所使用的績效模式。我要特別感謝該學區的教育局長，約翰．辛普生博士；教育委員會現任與剛卸任的主席，泰瑞沙．蕙博熙博士，以及阿尼塔．波生女士；也要感謝兩位教育局副局長，湯姆斯．洛可米博士、以及丹尼斯．史尼茲博士。雖然這個範例可能可以提供某些有用的構想，每一個學校體制應該依據他們當地的需求、州政府教育廳的要求、以及最重要的，由聯邦政府所頒布的法規要求等來發展他們的績效制度。

1.0 執行摘要

這份完備績效制度的目的是要改善這個學校體制內學生的學習成就、教師的專業實務、以及領導統御的決策過程。雖然這個制度受到州政府與聯邦政府所頒布的相關法規所侷限，不過學區瞭解到這樣的限制，因此決定要創造一個具有建設性的績效制度，而且我們相信這個績效制度和我們的使命與價值觀是一致的，這套績效制度的要求遠遠超過州政府與聯邦政府所頒布的最低要求。這個制度包含底下三個階層的資訊：

階層一：整個體系的指標

這些指標是聯邦法規、州政府規定、與學區教育委員會所制訂的教育政策所要求的資料。這些指標應該適用於學區裡的每一所學校，至少包含州政府測驗的成績單、校園安全考量、學生出席率、學生中輟率、以及依據學生人口變項特質分組所得到的實作成績。

階層二：學校本位的指標

這些指標是指那些可以反應每一所學校的老師、家長與行政人員所做的決定項目，包含一些可以實際量測的教學實務、領導統御的模式、家長參與的模式、課外活動的項目、以及其他學校本位指標的項目等等。雖然每一所學校都有許多活動和創新計畫正在執行著，不過這五項指標代表了每一所學校領導團隊可以接受測量的實務工作中最重要的幾個項目。

階層三：學校的敘事性故事

這個體系裡的每一所學校將提供一頁左右的敘事性故事，說明階層一與階層二的項目在他們學校所產生的關連性，同時也可以解釋在學校的環境中有哪些項目是人們可以使用計量的方式量測得到的因素。

這個學區採用的完備績效制度其實是績效任務小組努力的結果，這個小組是由教育委員會與學區教育局長委託指派所形成的任務小組。任務小組是由十八個成員所組成的，包含了家長、企業界與社區的領導者、老師、行政人員、還有一位學生代表。任務小組將它所得到的成果報告給學區的教育局長當作進一步的建議事項，而學區教育局長也向教育委員會推薦採用這套績效制度。雖然任務小組的原始工作就是要創造一套完備的績效計畫，學區教育局長已經要求任務小組的成員在接下來的幾年內，每年要召開四次會議，以便監控這套績效計畫實際的推動情形，也才能夠給學區教育局長提供持續改善這份計畫書的建議。

完備的績效制度支持教育委員會所設定的目標，包含學生的學習成就，校園安全考量，以及社區的參與等等。然而，要挑選哪些目標與指標來反應學校本位的策略，則是每一所學校的彈性空間。因此完備的績效制度並不打算針對教育模式提供一個「一體適用（譯註：原文爲 one size fits all，也就是一個尺寸卻要每一所學校來就範）」；相對的，這套計畫要求每一所學校要決定最能夠符合他們學生需求的實務工作和活動規劃。由於我們將會在每一年公布一次這三個階層的結果，整個體系裡的每一所學校的領導團隊將有機會觀察他們在階層二所建議的實務工作中，哪一項最能夠滿足績效制度的目標，也將有機會調整他們在階層二所呈現的指標。此外，學區教育局長和教育委員會將有機會評量每一所學校到底是如何運用完備的績效制度所涵蓋的資料，來達成它改善辦學績效的目標。

2.0 績效制度的架構

2.1 績效任務小組

負責發展完備績效制度的重責大任是由績效任務小組一肩扛起。這個小組，是由學區教育局長委派的，並且由教育委員會確認他們的資格，它代表了我們社區各式各樣的民眾。在我們邀約的二十四個人當中，有十八個人接受邀約，成為任務小組的一員，而且每一位成員至少出席任務小組所召開的七次會議當中的五次。決定這份完備績效制度的架構是透過任務小組多數人的方式表決的，而且任務小組的成員都毫無異議的通過這份報告。在七次會議當中，我們是從十月份開始召開會議到第二年的四月份，任務小組檢視了各個學校以前所繳交的學校改善計畫歷程，同時也收集了來自於地方階層、本地區、與全國知名的專家所提供的資訊，才得以形塑這份文件所呈現的完備績效制度。

2.2 學校改善計畫模式所需執行的變更

新的完備績效計畫和以往學校所提供的學校改善計畫模式在涵蓋的範圍，與強調的重點兩方面都有不一樣的地方。新的計畫不僅將矚目的焦點放在學生受測的成績，同時也包含學生學習成就有所關連的項目。當我們強調使用多元的方式來量測學生的學習成就時，學生、老師、行政人員、家長、與社區成員都需要為學校的表現成果擔負起責任來。雖然這項計畫符合州政府和聯邦政府法規的要求，也就是要呈報學生受測的成績表現，這份完備的績效制度將會把那些測驗所得到的分數放在一個真實的情境下，所以我們也需要報告那些對於學生學習成就有可能影響的額外資訊。這些變因不僅包含前面提到的，學生人口變項的特質差異，還包含老師教學品質的差異、教育的實務表現、領導階層的決策模式、以及家長／社區對於每一所學校的支持程度等等。除了這些可以透過統計方式呈現的資料之外，這計畫也將包含每一所學校所提供的敘事性故事，它提供我們一個機會透視那些專業的實務工作對於學生的學習成就有最大的影響力。此外，學校所提供的敘事性故事將會協助社區瞭解「數目字背後的故事」，而這些故事對於每一所學校也都是非常重要的資料來源。

在任務小組協商的過程中，老師和行政人員反覆的詢問了兩項關鍵的問題，那就是：

⑴「在這個新的績效制度下，是否意味著我的工作量將會增加不少？」

在每一所學校，任務小組發現到老師、行政人員、家長都曾經投入無比的力量，卻都沒有在以往的績效制度報告中呈現出來，因為以往的績效報告幾乎只強調測驗的成績而已。因此，這份新的完備績效制度不應該會要求額外的工作，只是想要確保我們曾經投入的努力會被社會大眾所肯定，並且獲得適當的公開表揚。對於那些還不曾記錄他們在領導統御與教學實務工作，也沒有評量他們學校的學生家長與社區參與程度的學校，確實將會有額外的作業需要執行。不過，任務小組相信公開這些資訊給社會大眾瞭解所帶來的好處，將會遠遠超過為了執行這項作業所需要付出的代價。只因我們限制每一所學校頂多能夠針對五項學校本位的指標進行實施報告，所以這份報告所得到的資料，將會比目前許多學校所繳交的學校改善計畫的書面資料，還要來得精簡一點。

⑵「誰應該為績效負起責任呢？」

在以往的制度中，教育績效其實是「由外界施加在學生身上的某些事情」，所以學生需要為這項計畫的結果擔負起唯一的責任。雖然許多老師會懷疑一旦他們的學生在受測成績的表現不佳時，他們可能會遭到解聘的命運，或者受到上層長官的訓斥；不過既然在以往的制度中從來都沒有發生過這類的狀況，所以在我們推動新的制度時也不會發生類似的情形。相對的，新的績效制度既然稱為完備的制度，就很清晰的讓老師與行政人員瞭解到，制度面要求他們將他們的決策過程公開，並且與學區的領導者及社會大眾，分享他們用來完成學區所設定的目標時是採用哪一種策略，也同時可以評估這樣的策略在達成目標的程度上有多高。「完備」兩個字原本就認為這樣的績效制度，應該是制度所涵蓋的整個學區裡面的每一位利益相關者都應該分攤責任的。所以這樣的定義將會涵蓋學區裡面的每一位學生、學生家長、老師、行政人員、學區內其他的聘僱人員、以及企業、非營利組織、政府機構、以及其他的社區成員等等。坦白說，教育應該就是一個社區的事業；社區裡的每一個成員都會因為學校體制經營得體而獲得好處。同樣的，如果學校的教育體制沒有達到我們原先要求他們應該完成的程度，那麼社區裡的每一個成員也都因此而遭殃（譯註：國內一些明星國中、小的學區至少在房價方面遠超過學區以外的其他房屋。這一點只是透過經濟誘因來說明。另外，如果就精神層面來分析，住在明星學校學區內的民眾、或是在明星學校服務的老師，也相當與有榮焉的感覺。當然要繼續分析下去還有許多優點，值得每一所學校的老師和行政人員參考，並說服社區民眾參與學校的活動）。因此，這套嶄新的完備績效制度將包含中央辦公室執行計畫的指標，以及社區用來支持學生學習成就的服務，與家長和其他社區伙伴參與學校支持學生學習成就的各項活動在內。也因為如此，所以才稱為完備的績效制度。

2.3 有效績效制度的原則 ➲

任務小組考量其他學校體制在發展他們的績效體制時的經驗*，也透過這個程序發展了七項原則來引導任務小組的工作進度，這七項原則，與每一項原則的關鍵性問題分別陳列如下：

一致性：績效制度是否和學區裡已經存在的誘因與獎賞制度前後相互呼應呢？

對於多元發展的尊重：績效制度是否包含評量學生學習成就的多元方式，這些評量方式當中有一些可以運用到每一所學校，有些方式則是依據學校的特殊需求而發展出來的呢？

精確：這套制度所條列出來的評量是否正確無誤？他們是否被學校妥當的運用？他們是否反應學校會使用其他替代方式來證明學生的學習，而非僅採用學生接受測驗的成績為唯一指標？

明確性：這套績效制度是否清楚說明我們對於整個制度面每個參與者的期望，以及我們期望他們該如何協助我們的學生獲得有效的學習成就呢（描述性與建議性同時兼顧）？

針對持續改善學校提供回饋的意見：績效制度是否允許學校

* 任務小組所參考的資料中，至少包含了《行動中的績效制度：一份學習型組織的藍圖》〔*Accountability in Action: A Blueprint for Learning Organizations*（Reeves, 2000a）〕，《完整的績效制度：為學生、學校與社區服務的績效制度》〔*Holistic Accountability: Serving Students, Schools, and Community*（Reeves, 2002b）〕，與 Video Journal of Education, Volume 1001, *Accountability for Greater Student Learning*（Reeves, 2001c）。

同時使用總結性評量、與形成性評量兼顧的模式？而這樣的評量結果是否是用來提供給決策者，在改善學校與創新計畫時有所依據呢？

普遍性：這套績效制度是否不僅針對學生設計而已，還同時考量中央辦公室、教育委員會委員、學生家長、老師、與行政人員的實作表現呢？

公平性：這套績效制度的架構是否讓每一個參與者都瞭解遊戲的規則？而遊戲的規則是否前後一致，也要求每個人都需要依據遊戲規則來玩呢？

2.4 績效制度的結構

完備的績效制度的結構提供三個優勢的位置，讓每個人都可以量測每一所學校在邁向教育委員會所制訂的目標、與學區的目的時，是如何進展的。為了討論績效制度的方便，我們在這裡稱這些觀點為「階層」，而且總共有底下這樣的階層：

階層一

階層一的指標通常是由州政府或學區所要求的，我們經常用他們來決定我們是否滿足州政府、或／和學區的期望。階層一的指標對每一所類似形式的學校都是一體適用的，所以每一所國民小學都使用一模一樣的階層一的指標，而每一所國中和高中也都有針對他們不同的年級所頒布的合宜指標可以遵循。

階層二

階層二的指標則是學校本位所發展出來的指標，我們設計這一階層的指標是要協助每一所學校持續改善他們辦學的績效，以便進一步滿足州政府與學區的期望。基本上，階層二的指標反應了每一所學校所條列的優先順序，所以每一所學校都可以擁有獨一無二的階層二指標。雖然有些學校可能希望使用階層二的指標來反應他們學校本位在寫作方面的學習結果，其他學校可能使用階層二的指標來反應他們獨特的家長參與程度、社區參與的模式、學生的課外活動、行為或訓導的相關活動、科技融入教學的策略、或其他整合學科與相關支援活動的結果。

階層三

階層三則是這個制度底下所包含的質性資料，他們提供一個敘事性的描述，說明這個學區和學校在持續改善績效的過程中使用了哪些方式來努力。每一個階層三的敘事性描述都需要強調兩個問題。第一個問題就是，「我們這個學區從階層一、與階層二所得到的資訊是否相互呼應呢？」學校可以選擇特定的階層二指標，主要是因為他們認為這些階層二的指標所涵蓋的活動，確實可以改善階層一所強調的評量項目，而敘事性的描述將會解釋那些期望是如何在運作過程達到目標的。其次，第二個問題就是「學校在整個運作過程中，有哪些變因是無法使用統計方式呈現的呢？」這個問題讓每一所學校有機會可以描述每一位學生、教職員工、與周遭的社區所獲得的成就與困頓（譯註：原文爲 triumphs and tragedies，直譯就成爲勝利與悲劇，不過譯者在這裡認爲改爲學生或教職員工所面臨的成就與困頓可能更爲恰當，不過歡迎來信賜教），也讓閱讀績效報告的人有機會深入瞭解學校的文化與組織所面臨的環境。

2.5 績效制度的報告模式

除了以上這三個階層之外，這套績效制度包含了一個針對學區、學科辦公室、學校實作表現、與學區針對績效制度所提供的教師專業成長機制、關於績效制度的教育宣導計畫、以及推動績效制度的階梯圖，提供了一套報告的規劃模式。

2.6 州政府與學區的期望

州政府的立法機構，與州政府教育廳早就已經建議一套學科的標準。這套標準形塑了州政府在課程、評量、與學生的成就績效等方面的基石。州政府的學科標準建立了一套我們對於教與學的期望。這些期望和州政府的評量項目彼此連結，而這套評量包含了我們針對三年級到八年級學生在閱讀與數學兩方面的測驗，以及我們針對十年級學生所施測的高中畢業考試。這些測試的結果，與學生在學校的出席率和學校安全設施等資料整合在一起，形成了州政府強制要求每一所學校所提出來的實作表現報告的基石。我們的學區將會遵守州政府在這方面的要求，不過我們企圖在這麼一份簡單的報告以外，另外添加一份嶄新的績效制度所衍生出來的報告，我們這樣做的目的是希望家長不僅能夠理解州政府的測驗結果所指出的表象，也希望家長能夠瞭解在每一所學校裡正在進行的許多重要活動。例如，雖然高中生的家長確實想要知道高中畢業生的通過率，他們也將會知道學生在進階課程的課堂上的實作表現，學生參與課外活動的情形，以及通常沒有包含在學校成績單裡的其他重要績效指標。

3.0 階層一：整個體制的指標

3.1 簡介 ➲

許多階層一的指標是依據州政府與學區統一頒布的要求事項，監控每一所學校學生的學科成就情形。這些指標對於教育委員會、州政府教育廳、以及媒體都具有相當的吸引力。州政府透過學科標準的制訂，要求每一所學校應該發生的教與學情形。核心的標準釐清學生在英文、數學、自然科學、歷史與社會科學、電腦科技等領域應該知道的知識與技能。州政府再透過測驗的施測，評量學生在國民小學、國民中學、與高級中學的學習，另外還有學區針對學生寫作能力所進行的測驗。這樣的測驗工具評量了學科的知識內容、科學與數學的學習過程、閱讀理解、字彙、寫作與推理等方面的能力。

3.2 州政府施測的測驗成績

階層一的第一項指標強調的就是學生接受州政府在核心課程所要求的測驗時有怎樣的成就。這些測驗讓我們瞭解學生在達到州政府所頒訂的標準要求上表現得如何，也讓我們瞭解我們的學生和整個州的所有學生相互比較時的表現如何？階層一的第二項資料來源將監控高中畢業生參與大專院校入學考試（ACT）與學術才能測驗（SAT）的人數百分比例，以及他們參與這些考試所得到的總平均分數。不管是大專院校入學考試還是學術才能測驗，都可以當作學生在高中學習是否成功的指標，同時他們參與這兩項考試的成績，也可以當作我們將他們和州內其他高中同年齡學生在高中的學習成就相比較時的基礎。

3.3 公平性與課程指標

階層一指標的另外一項來源，也反應在州政府所要求的成績單，主要是依據學生選修高階課程的百分比與多樣化，以及這些學生在選修這些課程之後獲得及格以上分數的百分比。這項指標協助我們監控學校所提供的學科的嚴謹程度——我們在這裡需要加以監控的進階學術課程包含了大專院校預修課程，與雙修課程

（也就是學生在同一個課程同時獲得高中與大學的學分認可），以及國際學士學位的課程等等（譯註：International Baccalaureate，國際學士學位的定義請參考稍後的註解）。階層一指標還有一項額外的指標是和學生的學習成就有關連的項目，那就是從三年級到八年級的學生人數當中有多少百分比的學生在閱讀能力上，至少和他們就讀的年級相同，甚至超越他們就讀的年級。學生接受閱讀測驗（譯註：這裡特別強調在美國的某一種閱讀測驗的施測，原文為 Gates-MacGinitie Reading Tests）所獲得的成績可以用來監控學校在這方面的教學，以及學生在這方面的學習成就。階層一的其他指標包含了每一天學生的平均出席率、中輟學生的人數比例、畢業的比例、符合州政府教學證照要求（依據年級或學科）的老師人數比例等等。

3.4 安全無虞的學習環境

除了學區在改善學生學習成就上的基本目標之外，學區也需要承諾給學生和他們的家長在每一間學校都擁有一個安全無虞、嚴守紀律的教學與學習的環境。許多階層一的指標將可以用來滿足這項期望。這些指標的資料來源，包含各校在學區的年度高品質學校創新氛圍調查時，針對學生、老師、與家長所提供的回應。這項州政府的成績單同時也包含學校安全設施的資料，例如學校所發生的肢體暴力行為事件總數、擁有槍枝的人數、以及擁有其他武器的人數。為了要針對學校的安全設施有一個更真實的圖像，各校還需要另外包含三項階層一的指標在內。這些指標辨識每一所學校裡面沒有參與肢體暴力事件、並未擁有槍枝、也沒有其他武器的學生人數比例。這些階層一指標的統計數字會顯得那麼重要的原因，是當我們真實的計算學校暴力行為事件的數量時，有些學生會參與許多不同的暴力事件。當社會大眾看到沒有參與校園暴力事件的學生人數比例，那麼他們就可以對於校園在安全考量有更精確的理解，也對於學校這樣的組織氛圍有所認識。

3.5 社區的參與 ➲

學區階層最後一項期望，是在教育過程當中所涵蓋的學生家長、社區成員、與附近企業，主動參與學校運作為主要考量。具體的說明就是整個學區所涵蓋的階層一指標是要評量每一個團體參與學校事務運作的頻率有多高。這些參與的機會包含非正規的口語溝通、面對面正式召開的會議、書面的溝通模式（例如透過簡訊、非正式的便條、個人信件等），以及網路的溝通，包含電子郵件與學校網站的互動關係。在這個領域所涵蓋的其他階層一指標，強調學校的老師和其他教職員工主動和學生家長，和／或監護人所進行的互動機會，學生家長與社區成員協助改善學生在閱讀和數學學習的機會，以及各式各樣的利益相關者成為學區代言人的機會。

3.6 其他的階層一指標項目

許多階層一的指標既沒有涵蓋在州政府的成績單裡，也沒有條列在學校教育委員會的目標內。然而，這些指標反應了州政府，和／或學區階層要求各校必須回報的資料。這些指標包含了史丹佛九的測驗結果，學生留級／升級人數的統計，學生在一整個學期當中缺席超過十天以上的人數比例，PSAT（譯註：PSAT為Preliminary Scholastic Aptitude Test的縮寫，也就是美國境內所進行的初級教育能力測試，是一個比 SAT 還要初階的測驗）的考試成績，在四年的高中求學經驗之後，繼續在同一個學區停滯四到六年的學生人數比例（譯註：美國高中學制爲四年，國小五年，國中三年；這裡是指某些高中生因爲成績表現不良，所以在高中四年的求學時間之後，還被留級好幾年的意思）。階層一的其他指標也都沒有包含在州政府所要求的成績單，也沒有明確的在學區的教育目標說明清楚，這些項目包含學區裡有多少老師教導的課程和他們所得到的教師證照有關連性。這一個範圍的指標包含學校所開設的課程當中，有多少課程的比例是由具有那項教師證照的老師擔任教學的工作，以及在特殊教育與資優教育課程分別由具有那些教師證照的老師擔任教職的比例。另外一項階層一的指標就是要辨認在學區所舉辦的教師專業發展研習中，有多少時數和學生的學習成就有關連，而且是由學區裡的相關教職員工擔任講座。

3.7 資料的分門別類陳列

為了確保我們在公平與公開兩項聲明的承諾，這些指標當中有許多指標項目需要依據學生所屬的種族、使用的母語、是否符合免費午餐與減價午餐的條件，分門別類的呈現指標的實作表現結果。任務小組非常鼓勵各校使用分門別類的方式來進行政策分析，而不要只是因為他們在人口學的變項，就使用這些資料來創造一些干預學生學習的計畫。

4.0 階層二：學校本位的指標

4.1 階層二的概觀

每一所學校將需要為階層一的指標所提到的項目擔負起責任來，因為這些項目都受到州政府與學區階層的監控。此外，每一所學校將需要從這份計畫書的附錄所刊載的階層二指標選項當中挑選七個指標。任務小組瞭解到每一所學校總是有一些不可預期的事件，會阻礙學校本位的某些創新計畫，或是在完成與精確記錄階層二指標的每一項資料時，可能發生不可預期的其他事件。所以雖然每一所學校將辨識七項階層二的指標，不過他們只需要

針對當中的五項進行年終的報告就好了。對於各校來說，從七項指標挑選五項的決定，就要看各校的領導團隊是如何仔細考量的。

4.2 階層二的選單與替代指標的選擇

階層二的指標反應了各校用來協助每一位老師滿足階層一指標的教學策略。在這份文件的附錄當中所條列的階層二指標是可以量測得到的結果，也可以直接用來支持階層一的指標。學校可以不要挑選這裡所條列的選單，只要他們有合情合理的基礎，清楚明白的說明他們所呈現的學校本位指標和階層一指標所標示的學生學習成就更有關連就可以了。

4.3 針對階層二進行資料收集與監控

學校的領導團隊將需要依據他們對於目前的資料、各項活動、需求與目標，進行仔細的分析之後，再進一步決定學校階層的指標項目。這些指標將成為學校績效報告與支持這個計畫文件的一部分。各校所挑選的學校階層的指標資料將由各校負責收集，並且用這些資料來持續監控各校努力經營的情形。這些自己挑選的指標將成為學校年度實作報告中僅有的學校階層指標。每所學校從階層二的七個指標選項所挑選的指標項目，將在每一年度的十月一日送交學區績效辦公室，如果是使用替代的年度行事曆的學校，那麼階層二的指標在每一個新的年度開始三十天之後，送交給學區的績效辦公室。每一所學校每一年必須向學區績效辦公室繳交兩次的實作資料，一次在一月十五日，另一次在六月十五日（譯註：這一項要求，類似國內各縣市教育局目前要求各校在寒暑假繳交整個學期整個學校的教學計畫書，多數學校採用剪貼教科書目次的模式應付這項要求。教育局卻沒有在學期末要求各校繳交相關的「教學計畫達成多少目標」的書面資料）。

4.4 績效任務小組的監控

由於完備績效制度的最主要目的是要改善學校裡面的教與學，所以透過階層二指標所收集到的資料，將由任務小組經常性的審查與分析，而且這樣的分析結果將由任務小組與學區裡每一所學校的領導團隊分享。因為我們強調分享這些洞見與最佳實務工作的作為，所以學校將會有機會針對他們所挑選的階層二指標進行年度的改善工作。在一整個年度當中，學校可能想要修正、乃至於完全改變他們原先挑選的階層二指標項目。任務小組的工作就是當學校提出更改指標的要求時，進行審查與是否同意學校進行更改的工作，這樣可以讓學校在事情還在發展過程當中，進行妥當的期中改正措施，而不是繼續堅持已經確認不太妥當，或是無法協助學生和學校教職員工改善教與學的那些階層二指標。為了要獲得階層二指標的最大價值，學校必須經常性的監控他們自身的實作表現，並且提出類似底下這種類型的反思性問題：

- 「我們是否在執行我們曾經提議的工作呢？」

- 「我們是否一致性，精確的評量我們學校所提出的階層二指標呢？」
- 「我們投入在階層二指標的努力是否可以在學生學習成就的改變上觀察得到呢？」
- 「如果我們學校所提出的階層二指標有些並無法有令人滿意的表現，我們該如何修正那些指標項目呢？如果出現問題的指標根本無法修正，我們可以從階層二指標的清單項目中找尋哪一個指標來取代原先的項目呢？為什麼？」
- 「如果我們在階層二的指標有一些令人不滿意的經驗，我們可以從過去的錯誤中學習到哪些教訓呢？而且這樣的經驗將會如何影響我們未來在專業實務與領導統御決策過程的判斷呢？」

雖然績效報告並不會要求學校提供這些問題的反思，以及針對反思所進行的檢討與修正，不過這些會議的紀錄將可以反應學校的領導團隊是如何使用這些資料，以建設性的模式來強調學校優先重視的項目與挑戰工作，執行計畫到底有多高的熱誠？

4.5 階層二指標的更改

學校的領導團隊每一年都要針對階層二的指標進行學校內部的評估，評估的重點是要確認學校與整個學區內其他學校到底是如何使用階層二的指標來呼應階層一的目標當中，那些和學生的學習成就、校園安全、社區參與等項目有關連（或沒有任何關連）

的程度。學校也因此在每一年都有機會確認他們正在使用的階層二指標確實發揮功能，或者他們也可能想要挑選新的階層二指標來取代原先的指標項目。

5.0 階層三：學校的敘事性故事

5.1 簡介 ➲

階層三的指標允許每一所學校強調兩個關鍵性的問題。首先，學校的領導團隊可以從他們學校在階層二的指標（反應他們學校本位策略的指標），與學校在階層一的指標（反應州政府與學區政策制訂者要求的優先項目）之間，推論出哪樣的結論。其次，學校運作的氛圍當中，有哪些因素可以協助我們將統計的分析資料，提供一個合情合理的情境呢？這樣的作為讓學校可以解釋對於學生、教職員工、與社區有深遠影響力的那些成就與失敗的個案，偏偏這些統計資料以外的資訊都無法從測驗的成績、出席率、與高中生畢業的比例等統計資料，一目了然的讓一般民眾瞭解學校真實發生的教與學。

5.2 學校敘事性故事的格式與內容

這份學校敘事性的故事不可以超過六百字的範圍，也應該採用學生家長與社區成員都能夠理解的文字說明呈現（譯註：這裡強調使用者友善化的策略，也就是英文的user friendly的策略，學區裡面各校的人員，應將他們辦學的歷程以淺顯易懂的語文讓整個社區關心教育的民眾都有機會理解學校的辦學歷程）。敘事性的故事是學校可以強調他們無法反應在階層一或階層二的活動時可以發揮的一個理想機會。例如，學校敘事性的故事可以提供課外活動、音樂、美勞、體育活動、家長與社區參與的計畫、與學校提供給教職員工的專業成長活動等項目的詳細資料。總結來說，學校所提供的敘事性故事就是「數字背後的故事」，將協助任務小組的成員針對每一所學校進行評鑑時，建議某些特定的策略，讓整個學區裡的每一所學校都可以進行學校改善的工作。

6.0 專業發展的計畫

6.1 簡介

在上一個學年度當中，整個學區的老師、學校階層的行政人員、中央辦公室的行政人員在各個研習中，學習完備績效制度的哲學理念與概念。具體的說，就是希望學區裡的每一位教職員工和行政人員在推動完備的績效制度上獲得一個類似新生訓練的研習活動，我們在一整天的實務練習當中，使用每一所學校所提供的真實數據，以資料分析的方式來進行決策的判斷。如果您想要對這種採用資料分析進行決策判斷的說明有更進一步的瞭解，請參考 *The Leader's Guide to Standards*（Reeves, 2002c）中的第七章。

6.2 學校本位的專業發展

一旦每所學校使用資料分析進行決策判斷的過程來辨識他們學校的優先順序與階層二的指標後，那麼接下來的專業發展決定就要依據那些辨識出來的需求來進行了。像某幾所學校挑選了寫作當作他們的優先工作，可使用「卓越的寫作（Writing Excellence）」工作坊，與類似《寫作的理由》〔（*Reason to Write*）（Reeves, 2002e）〕等參考資料當作工作坊的手冊。至於那些將辦學重點集中在改善以標準為基礎的實作評量之校，可使用「讓標準活起來（Making Standards Work）」的研討會，並使用《重要的標準，解讀標準的定義，與《讓標準活起來》（*Power Standards, Unwrapping the Standards, and Making Standards Work*（Reeves, 2003b）〕當作研習的參考資料。其他學校可能將重點集中在個別化教學、家長的參與、科技融入教學、充實的學業、閱讀的基礎、或其他策略，故可採整合內部資源與外部資源的策略來支援專業發展的機制，以便進一步達成完備的績效制度。

6.3 學校的資源

為協助老師在即將來臨的這年能理解和使用完備績效制度，各校校長將需使用教育領域的錄影帶期刊，《為了豐富學生學習的績效制度》〔Video Journal of Education, Volume 1001, *Accountability for Greater Student Learning*（Reeves, 2001c）〕，來協助該校推動學校本位的專業發展。我們也會在學區內的校長會議投入時間，讓各校校長可交換意見，分享他們在每所學校讓教職員工、學生家長、與社區成員參與這套績效制度的策略。

7.0 溝通的計畫

7.1 簡介

完備績效制度的目的是要改善整個學區內的每一所學校的教與學。因此，有必要將績效制度的結果和整個社區體制內的每一位利益相關者進行溝通分享的工作。這套績效制度的真實價值在於我們到底是如何使用這個結果，做出有建設性與有意義的決定來改善學校的教與學。此外，除了年度的完備績效制度的書面報告以外，我們將使用定期的報告，讓社區的民眾瞭解我們是如何使用這套具有建設性的績效制度來改善學校的教學工作。除了運用校長會議以外，我們整個學區將會使用多元的溝通管道來進行多方面的溝通工作，包含學區的區域網路（intranet）、地方性的電視台播報、親師團體的會議（parent-teacher organization meetings）、以及其他社區簡訊等溝通模式。

7.2 各校的報告

各校的校長與學校的領導團隊在準備各校的績效報告時，需要分攤責任。這項報告包含了每一所學校在整個學區內，針對階層一與階層二的指標所得到的實作表現結果，以及階層三的敘事性故事。我們要求每一所學校將這些報告透過學區的網頁讓每一個對教育改革有興趣的民眾都可以隨時隨地找到資料，主要的原因是我們這個學區已經投入這種建設性的績效制度模式，希望可以改善學區內學生的學習成就。

7.3 社區的報導

任務小組將負責為社區準備這份績效報告。這份報導將包含階層一的每一項指標所涵蓋的資料，並且針對階層二的指標如何影響階層一的指標而獲得成功經驗的分析工作。社區報導的目的並不是要將學區內的學校進行等第的分級，或是比較哪一所學校經營得比較好，而是要和社區分享學校的專業實務、與領導決策對於學區優先順序的直接影響與間接影響。

7.4 州政府的報導

提供給州政府教育廳的報導原則上是配合相關法規的要求。我們的學區決定要採用超越州政府與聯邦政府強制要求的配合模式（overcompliance），所以我們在績效報告中不僅要說明州政府和聯邦法規所規劃的教育績效相關事項，我們也同時要說明學區績效制度所提供的額外資訊，例如階層二與階層三的資訊，這些資訊的提供都遠遠超過州政府與聯邦法規的強制要求。

8.0 中央辦公室的績效制度

8.1 簡介

我們的學區相信每一位教職員工都應該為學區所制訂的目標與目的擔負起責任。教育績效絕對不是一些加諸在老師和學生身上的事項，而是一個持續改善的系統，讓每一位利害相關的人員，包含學生、家長、行政人員、校車司機、餐廳員工、清潔工作人員、與中央辦公室的行政人員都有機會參與。因此，中央辦公室的各個部門（教務部門、主計部門、資訊部門與總務部門），也是學區所採用的這套完備績效制度底下的一部分。學區中央辦公室的績效制度將提供各個部門的工作伙伴一些方法，以便他們可以量測、並且監控辦公室到底是如何支援學區所制訂的目標。中央辦公室的績效制度緊密的反應了整個學區與各校所使用的結構。學區所頒布的三項目標將成為中央辦公室各部門共同遵守的階層一目的，而且中央辦公室的部門將為階層一的各項指標擔負起直接與間接的責任。因此，每一位工作伙伴將邁向支援改善學生的學習成就，提供一個安全舒適的校園生活，與遵守紀律的學習環境，並且讓一些外界的利害相關者有機會參與教育過程而努力。這些目的將由中央辦公室的每一個部門所分攤。就像在每一所學校的情況一樣，每一個部門也都要挑選七項階層二的指標來當作年度改善的目標，而最後的年度報告只包含這七項指標當中的五項指標。就像是每一所學校的模式一般，中央辦公室的部門將為他們部門的伙伴提供和績效制度指標有關連的專業成長機會，這樣一來，專業的學習就可以明確的和各個部門的實作表現有所關連。

8.2 學區教育局長辦公室的實作表現成績單

學區教育局長辦公室需要在每一年的七月十五日完成一份實作表現報告。這份學區教育局長辦公室的實作表現報告，將包含階層二所涵蓋的七項指標當中的五項指標的資料，而挑選這五項指標的工作就留給局長辦公室的主任去負責。此外，學區教育局長辦公室也需要繳交一份敘事性的故事，說明在學區與各校的互動關係。這份敘事性的故事將說明局長辦公室所使用的策略（階層二指標）、與局長辦公室所獲得的結果（階層一的指標），以及在局長辦公室所推動的活動、組織氛圍、與其他無法在階層一與階層二的統計資料清楚表達的相關活動。

附錄 A-1：績效任務小組的組成成員

學區行政人員

學區教育局長

學區教育局副局長，教務部門（譯註：大約相當於國內的學管課相關的課長）

學區教育局副局長，總務部門

資深協調者，補救教學部門

資深主任，電腦科技部門

資深主任，補救教學部門

資深主任，研究、測驗與統計部門

學區財務主管

資深主任，特殊與資優教育部門

資深協調人，溝通能力部門

資深主任，會計部門

資深主任，教職員工發展與人力資源領域的主任

學校行政人員

國小校長

國中校長

高中校長

老師

國小老師

國中老師

高中老師

替代學校的老師（譯註：例如特許學校的老師，也就是類似公辦民營學校的老師代表）

學生家長代表

國民小學諮詢顧問的代表

國民中學諮詢顧問的代表

高級中學的諮詢顧問代表

特殊教育諮詢顧問的代表

資優教育諮詢顧問的代表

附錄 A-2：階層一的指標

1.0 學業成就

1.1 報告的格式

每一項學業成就指標將會採用底下的方式呈現：

1.1.1 所有學生的成績。

1.1.2 接受一般教育的學生的成績。

1.1.3 接受一般教育，而且從開學第二週就持續接受一般教育課程的學生接受測驗的成績。

1.1.4 接受一般教育，持續上課，而且出席率超過 90%的學生所得到的測試成績。

此外，每一份報告都將包含一些學生分組的成績單，成績單將把學生依據底下的方式分組：那些符合免費午餐與減價使用午餐的學生為一組，不同種族的學生分組，英語能力差別而分組的學生都將分別陳列他們的成績。

1.2 州政府的測驗成績 ➲

在每一項由學區與州政府推動的測驗中獲得精熟以上程度的學生人數百分比例。

1.3 大學入學考試的分數（只適用於高中）➲

（譯註：這和以前國內推動的大專聯考，與現行的高中基本學力測驗相當）

參與學術才能測驗（譯註：縮寫為 SAT，原文為 Scholastic Aptitude Test）或美國大專院校入學考試（譯註：縮寫為 ACT，原文為 The American College Testing Program）的人數，以及學生參加兩種測驗當中任何一項的平均成績。

1.4 大專院校預修課程（只適用於高中）➲

選修大專院校預修課程的學生人數百分比，選修這些課程的學生接受大專院校預修課程測驗的學生人數百分比，在這些測驗當中獲得三分以上的學生人數百分比。選修國際學士學位課程（譯註：International Baccalaureate，縮寫為 IB，是由聯合國教科文組織所推動的國際學士學位課程，總部設在日內瓦，簡稱為 IBO。成立的宗旨是提供一個國際標準的課程以及測試標準，給全球高中（含）以下的學生選讀。持有IB發給的證書，無論到任何一個國家，都會受到認可）的學生人數百分比例，選修國際學士學位課程的學生進一步參與該團體所推動的測驗，並且獲得IB學位的學生人數百分比，在相關測驗獲得 IB 學分認證的學生人數百分比。

1.5 閱讀分數 ➲

閱讀測驗的分數（譯註：這裡特別使用一個閱讀測驗，應該是州政府的要求，這項閱讀測驗的原文爲Gates MacGinitie Reading Tests），超越學生就讀年級的學生人數百分比。

2.0 出席率 ➲

使用州政府所頒布的計算公式所得到的每一天平均出席率。此外，每一所學校將需要呈報他們的學生出席率超過 90%以上的學生百分比例。

3.0 堅持 ➲

在同一所學校完成一整年學習的學生人數百分比，或者可以證明他們在接受教育的地方持續學習的百分比（註：這項指標的目的是想要針對學生中輟率有一個精確的數字，所以不包含那些在另外一個教育機構接受教育的學生人數）（譯註：這裡應該是認爲因爲父母親工作關係必須轉學的學生不計算在內，單純只計算因爲某些特殊關係而終止學校教育訓練的學生）。

4.0 升級

被推薦可以到下一個年級就讀的學生人數百分比例（譯註：對於國內的國小老師而言，這一點有點莫名其妙。但是高中老師就知道有不少學生留級。所以這裡如果翻譯爲「留級」，然後以「每一個年級被學校留級的學生人數百分比例」，或許更容易理解）。

5.0 教師品質

在每一位老師所任教的課堂，老師在那門課擁有學科和年級兩方面的證照的百分比例（在中等教育方面，是指教導的學科的百分比）。特殊教育的學生當中，獲得那些具有特殊教育證照的老師教導的百分比例。

6.0 專業發展

在學校所推動的專業發展課程當中，和學校階層一與階層二的績效指標有關連的研習時數與百分比。

7.0 安全考量➲

沒有受到訓導處懲戒的學生人數百分比。沒有因為暴力行為被訓導處懲戒的學生人數百分比（強暴、人身攻擊、打架、或擁有武器）。訓導事件的數量，因為暴力行為所進行的訓導事件數量。

附錄 A-3：階層二的指標

請注意：底下所提供的階層二指標只是建議性質而已。學校應該依據他們獨特的需求與報告模式，從階層二的七項指標當中挑選五項來當作年終的績效制度書面報告資料。學校或許想要增加額外的階層二指標。如果學校想要增加額外的項目，只需要經過績效任務小組的審查與同意即可進行。一個理想的狀況就是學校在一整年的期間要針對階層二的每一項指標進行長期且持續的評量，這樣我們才可以讓教職員工審視這些資料，並且在適當的時機作修改，也才能夠持續改善學校裡老師的教學工作，與學生的學習。

- 依據學校本位的標準所進行的閱讀測驗評量，獲得精熟或更高成就的學生人數百分比例。
- 在依據＿＿＿＿＿＿（請說明科目）的標準所進行的實作評量

上，獲得精熟或更高成就的學生人數百分比例。

- 在學校本位的寫作評量方面，獲得精熟或更高成就的學生人數百分比例。
- 由兩位以上的老師協同評量學生寫作作品的數量。
- 在________（請說明科目）的學習成就評量時，要求學生注重寫作能力的百分比例。
- 在________（請說明科目）的學習成就評量時，要求學生注重口語表達能力的百分比例。
- 學校進行本位課程要求學生進行公開演講的實作，學生獲得精熟或更高成就的百分比例。
- 學校進行本位課程要求學生進行數學問題解決評量的實作，獲得精熟或更高成就學生的百分比例。
- 學校進行本位課程要求學生進行社會科評量，獲得精熟或更高成就學生的百分比例。
- 學校進行本位課程要求學生進行自然科學評量，獲得精熟或更高成就學生的百分比例。
- 在________（請說明科目）的評量時，要求學生必須運用電腦科技的百分比例。
- 教學活動時明確讓社區或企業伙伴參與的教學活動數量。
- 特定科目評量時（例如音樂、美勞、體育、世界語、工藝課），明確要求學生運用他們從語文課、數學課、自然科學、或社會科所學到的學科標準的百分比例。
- 依據學校本位課程所研發出來的抄筆記評分指標，學生在使用兩欄方式抄筆記的項目獲得精熟或更好的成績的百分比例（譯註：rubric，評分指標是強調學生的學習要和最專業的專家作品相比較所得到的成就。例如圍棋的培訓運用的級數與段數不會因爲學校本位而改變，全世界共同使用相同的級數與段數。相同的道理也可以推到跆拳道、空手道，所以作者認爲抄筆記也是學習時非常重要的學習項目）。

- 在自我規劃學習的筆記和依據學校本位的評分指標獲得精熟或更佳成績的學生人數百分比例。
- 參與課外活動的學生人數百分比例。
- 完成個別化學習目標的學生人數百分比例。
- 完成個別化學習目標的老師人數百分比例。
- 參與社區服務超過九個小時以上的學生人數百分比例。
- 學生家長或監護人參與學校義工幫忙超過九個小時以上的百分比例。
- 參與視覺或表演藝術的學生人數百分比例。
- 在適合學生年級的研究專題項目上，獲得精熟或更高成就的學生人數百分比例。
- 在學校網站或校內網路（intranet）完成個人網頁的學生人數百分比例。

附錄二

發展與執行一套績效制度的工具

績效指標與所運用的策略

整個系統的績效指標	支持整個系統的績效指標所需要的學校本位推動策略

（續下頁）

（承上頁）

整個系統的績效指標	支持整個系統的績效指標所需要的學校本位推動策略

學科領域與相關的績效指標

績效領域	指標（不是測驗的成績）
語 文 科	
數學領域	
自然科學	
社 會 科	
其他領域	

針對績效報告與需要強化的項目進行討論時的綱要➲

議題項目	引導討論者	待加強項目
1.優勢——績效報告讓我們知道學生的優勢在哪裡？（仔細的檢視整個系統的指標，包含州政府與學區評量所要求的次級項目。）		
2.挑戰——績效報告讓我們瞭解我們該針對學生的哪些學習項目提供更具挑戰的學習活動呢？		
3.我們學校使用的策略——學校本位的指標指出我們所使用的教學策略當中有哪些是和學生學習成就有關連的呢？從這樣的結果我們可以獲得哪些推論呢？哪些策略是有效率的？哪些策略沒有效率呢？		

（續下頁）

（承上頁）

議題項目	引導討論者	待加強項目
4.其他學校使用的策略——請辨識出一些在我們需要挑戰的領域上獲得成功經驗的學校。那些學校運用了哪些學校本位的指標呢？我們從他們所使用的策略可以學到哪些教訓呢？		
5.沒有注意到的策略——我們學校正在發生的事情當中，有哪些可能會影響（可能就是在績效報告當中那些在敘事性資料部分所呈現的內容）我們學生的學習成就呢？這樣的發現對我們明年的學校本位目標將有何實質上的建議呢？		

附錄三

州政府教育廳和其他組織的聯絡資訊

附錄三包含了全美國五十個州，以及華盛頓特區的教育廳與其他相關組織的網址與聯絡電話。績效任務小組想要為學區裡面的學校發展一套完備的績效制度時，就可能可以參考相關的資訊。當他們研究其他的績效制度時，任務小組的成員可能會發現網際網路是一個不錯的選擇，隨時提供在教育政策方面的最新相關資訊。這些網址包含了大多數州政府所執行的績效制度的資訊，雖然在網頁上可能不是以「績效」的字眼呈現。您只要在網頁上仔細的搜尋那些和測驗、獎賞、懲罰、成功指標等項目，就會提供您更多的範例，瞭解各州的州政府教育廳是如何在他們州政府的管轄內，讓每一位利害相關者擔負起相關的責任績效。

Web Sites	Telephone Numbers
Alabama http://www.alsde.edu	Dept. of Education (334) 242-9700
Alaska http://www.educ.state.ak.us	Dept. of Education (907) 465-2800
Arizona http://www.ade.state.az.us	Dept. of Education (602) 542-3111
Arkansas http://arkedu.state.ar.us	Dept. of Education (501) 682-4475
California http://www.cde.ca.gov	Accountability Assistance (916) 657-3745
California http://www.cresst.org/index1.htm	National Center for Research on Evaluation, Standards, and Student Testing (CRESST) (310) 206-1532
Colorado http://www.cde.state.co.us	Dept. of Education (303) 866-6600
Colorado http://www.ecs.org/	Education Commission of the States (ECS) (303) 299-3600
Connecticut http://www.state.ct.us/sde/	Dept. of Education (860) 566-5677
Delaware http://www.doe.state.de.us	Dept. of Education (302) 739-460
District of Columbia http://www.k12.dc.us	District of Columbia Public Schools (202) 724-4222
District of Columbia http://www.ncela.gwu.edu/	National Clearinghouse for English Language Acquisition & Language Instruction Educational Programs (NCELA) (202) 467-0867 or (800) 321-6223
District of Columbia http://nces.ed.gov/nationsreportcard/	National Center for Education Statistics (NCES) (202) 502-7300
Florida http://www.firn.edu/doe/index.html	Dept. of Education (850) 245-0505
Georgia http://www.doe.k12.ga.us	Dept. of Education (404) 656-2800
Hawaii http://doe.k12.hi.us/	Dept. of Education (808) 586-3230
Idaho http://www.sde.state.id.us/Dept/	Dept. of Education (208) 332-6800
Illinois http://www.isbe.state.il.us	Quality Assurance Office (217) 782-2948
Indiana http://www.doe.state.in.us	Dept. of Education (317) 232-0808

Web Sites	Telephone Numbers
Iowa http://www.state.ia.us/educate	Dept. of Education (515) 281-5294
Kansas http://www.ksbe.state.ks.us	Dept. of Education (785) 296-320
Kentucky http://www.kde.state.ky.us	Director, Assessment/Accountability Communications (502) 564-3421
Louisiana http://www.doe.state.la.us	Dept. of Education (504) 342-3602
Maine http://www.state.me.us/education/homepage.htm	Dept. of Education (207) 624-6620
Maryland http://www.msde.state.md.us	Dept. of Education (410) 767-0100 or (888) 246-0016
Massachusetts http://www.doe.mass.edu	Dept. of Education (617) 388-3000
Michigan http://www.michigan.gov/mde	Dept. of Education (517) 373-3324
Minnesota http://www.educ.state.mn.us	Dept. of Children, Families, and Learning (651) 582-8200
Mississippi http://www.mde.k12.ms.us/ed_accountability/index.html	Dept. of Education, Educational Accountability (601) 359-2038
Missouri http://services.dese.state.mo.us	School Improvement Program (573) 751-4426
Montana http://www.opi.state.mt.us/index.html	Office of Public Instruction (406) 444-3095 or (888) 231-9393
Nebraska http://www.nde.state.ne.us/	Dept. of Education (402) 471-2295
Nevada http://www.nde.state.nv.us/admin/super/statebrd/	Dept. of Education (775) 687-9200
New Hampshire http://www.state.nh.us/doe/	Dept. of Education (603) 271-3494
New Jersey http://www.state.nj.us	Dept. of Education (609) 292-4469
New Mexico http://www.sde.state.nm.us	Assessment/Evaluation Unit (505) 827-6524
New York http://www.nysed.gov	Dept. of Education (518) 474-3852

Web Sites	Telephone Numbers
North Carolina http://www.dpi.state.nc.us	Dept. of Public Instruction (919) 807-3300
North Dakota http://www.dpi.state.nd.us	Dept. of Public Instruction (701) 328-2260
Ohio http://www.ode.state.oh.us	Dept. of Education (877) 644-6338
Oklahoma http://sde.state.ok.us	Dept. of Education (405) 521-3301
Oregon http://www.ode.state.or.us	Dept. of Education (503) 378-3569
Pennsylvania http://www.pde.state.pa.us/ stateboard_ed/site/default.asp?g= 0&pde_internetNav=%7C	Dept. of Education (717) 783-6788
Rhode Island http://www.ridoe.net/	Dept. of Education (401) 222-4600
South Carolina http://www.sde.state.sc.us/	Dept. of Education (803) 734-8815
South Dakota http://www.state.sd.us/deca	Office of Technical Assistance (605) 773-6119
Tennessee http://www.state.tn.us/education	Dept. of Education (615) 741-2731
Texas http://www.tea.state.tx.us	Texas Education Agency (512) 463-9734
Utah http://www.usoe.k12.ut.us/eval/	Office of Education (801) 538-7810
Vermont http://www.state.vt.us/educ	Dept. of Education (802) 828-3135
Virginia http://www.pen.k12.va.us	Dept. of Education (804) 225-2020
Washington http://www.k12.wa.us/	Office of Superintendent of Public Instruction (360) 725-6000
West Virginia http://wvde.state.wv.us	Dept. of Education (304) 558-0304
Wisconsin http://www.state.wi.us/ agencies/dpi	Dept. of Public Instruction (800) 441-4563
Wyoming http://www.k12.wy.us/index.htm	Dept. of Education (307) 777-7673

除了在網路上找尋其他州政府的績效資訊之外，任務小組的成員可能也想要使用網路搜尋引擎來界定一些外在的相關資源。當您在搜尋引擎輸入「教育績效」、或「學習績效」等關鍵字，就可以看到許多相關的文章和其他的資源。底下這些網頁或許可以幫助您找尋一些和績效制度有關連的資料。

- Accountability for Student Learning, Iowa Association of School Boards, http://www.ia-sb.org/services/ableaccountability.asp
- Annenberg Institute for School Reform, http://www.annenberginstitute.org/
- The Center for Education Reform: About Education Reform, http://edreform.com/reform.htm
- Center for Performance Assessment, http://www.MakingStandardsWork.com
- Council of Great City Schools, http://www.cgcs.org
- "Creating Accountability in Big City Schools," an article by Linda Darling-Hammond and Carol Ascher, http://eric-web.tc.columbia.edu/mono/UDS102.pdf
- Emerging Student Assessment Systems for School Reform, http://www.ed.gov/databases/ERIC_Digests/ed389959.html
- Focus on Accountability, http://www.aacte.org/accreditation_issues/focus_basic_value.htm
- Framework for Educational Accountability, http://education.umn.edu/NCEO/Framework/framework.html
- Issues in Education Websites, http://www.stf.sk.ca/teaching_res/research/issues_in_educ.htm

- National Center on Educational Outcomes, http://education.umn.edu/nceo/
- NEA (National Education Association) Issues, http://www.nea.org/issues/
- Occidental College Library, http://oasys.lib.oxy.edu/search/educational+accountability
- Standards and Assessments, http://www.ccsso.org/standards-assessments.html
- State Education Accountability Systems, Council of Chief State School Officers, http://www.ccsso.org/introprofile.html
- U.S. Department of Education Publications, http://www.ed.gov/pubs/
- Western Regional Resource Center, Inclusive Large Scale Assessment, http://interact.uoregon.edu/wrrc/assessmentnew.htm

Buckingham M., & Clifton, D. O. (2001). *Now discover your strengths: The revolutionary program that shows you how to develop your unique talents and strengths—and those of the people you manage*. New York: Simon & Schuster.

Calkins, L. M. (1983). *Lessons from a child: On the teaching and learning of writing*. Portsmouth, NH: Heinemann.

Calkins, L. M. (1994). *The art of teaching writing* (2nd ed.). *Portsmouth, NH: Heinemann.*

Christenson, D. D. (2001, December). Building state assessment from the classroom up: Why Nebraska has forsworn high-stakes testing in favor of district-tailored measures. *The School Administrator, 58*(11), 27–31.

Coffman, C., Gonzalez Molina, G., & Clifton, J. K. (2002). *Follow this path: How the world's greatest organizations drive growth by unleashing human potential*. New York: Simon & Schuster.

Collins, J. (2001). *Good to great: Why some companies make the leap . . . and others don't*. New York: HarperCollins Publishers, Inc.

Darling-Hammond, L. (1997). *The right to learn: A blueprint for creating schools that work*. San Francisco: Jossey-Bass.

Darling-Hammond, L., & Sykes, G. (1999). *Teaching as the learning profession: Handbook of policy and practice*. San Francisco: Jossey-Bass.

Foersterling, F., & Morgenstern, M. (2002). Accuracy of self-assessment and task performance: Does it pay to know the truth? *Journal of Educational Psychology, 94*(3), 576–585.

Goleman, D. (1998). *Working with emotional intelligence*. New York: Bantam Books.

Goleman, D., Boyatzis, R., & McKee, A. (2002). *Primal leadership: Realizing the power of emotional intelligence*. Boston: Harvard Business School Press.

Goodnough, A., & Medina, J. (2003, February 14). Klein reveals how he chose top schools [electronic version]. *New York Times,* retrieved March 17, 2002, from http://query.nytimes.com/search/restricted/article?res=F60F17F73E5E0C778DDDAB0894DB404482

Ingersoll, R. M. (2003, January 7). To close the gap, quality counts. *Education Week*, 7–18.

Ingersoll, R. M., & Smith, T. M. (2003, May). The wrong solution to the teacher shortage. *Educational Leadership, 60*(8), 30-33.

Jerald, C. D. (2001). *Dispelling the myth revisited: Preliminary findings from a nationwide analysis of "high-flying" schools*. Washington, DC: The Education Trust, Inc.

Marzano, R. J. (2003). *What works in schools: Translating research into action*. Alexandria, VA: Association for Supervision and Curriculum Development.

Marzano, R. J., Pickering, D. J. & Pollock, J. E. (2001). *Classroom instruction that works: Research-based strategies for increasing student achievement*. Alexandria, VA: Association for Supervision and Curriculum Development.

Ohanian, S. (1999). *One size fits few: The folly of educational standards*. Portsmouth, NH: Heinemann.

Pfeffer, J., &. Sutton, R. I. (2000). *The knowing-doing gap: How smart companies turn knowledge into action*. Boston: Harvard Business School Press.

Reeves, D. B. (2000a). *Accountability in action: A blueprint for learning organizations*. Denver, CO: Advanced Learning Press.

Reeves, D. B. (2000b). Standards are not enough: Essential transformations for successful schools. *NASSP Bulletin*, *84*(620), 5–19.

Reeves, D. B. (2001a). *Crusade in the classroom: How George W. Bush's education reforms will affect your children, our schools.* New York: Simon & Schuster.

Reeves, D. B. (2001b, June 6). If you hate standards, learn to love the bell curve. *Education Week,* 48.

Reeves, D. B. (featured presenter) (2001c). *Accountability for greater student learning* [videotape]. East Sandy, UT: Video Journal of Education.

Reeves, D. B. (2002a). *The daily disciplines of leadership: How to improve student achievement, staff motivation, and personal organization*. San Francisco: Jossey-Bass.

Reeves, D. B. (2002b). *Holistic accountability: Serving students, schools, and community*. Thousand Oaks, CA: Corwin Press.

Reeves, D. B. (2002c). *The leader's guide to standards: A blueprint for educational equity and excellence*. San Francisco: Jossey-Bass.

Reeves, D. B. (2002d). *Making standards work: How to implement standards-based performance assessments in the classroom, school, and district* (3rd ed). Denver, CO: Advanced Learning Press.

Reeves, D. B. (2002e). *Reason to write: Help your child succeed in school and in life through better reasoning and clear communication*. New York: Kaplan.

Reeves, D. B. (2003a). *Assessing educational leaders: Evaluating performance for improved individual and organizational results*. Thousand Oaks, CA: Corwin Press.

Reeves, D. B. (2003b). *Power standards, unwrapping the standards, and making standards work*. Denver, CO: Advanced Learning Press.

Reeves, D. B., & Brandt, R. (2003, January/February). Point-counterpoint: Take back the standards. *Leadership, 32*(3), 16–21.

Sanders, W. L. (1998, December). Value-added assessment: A method for measuring the effects of the system, school and teacher on the rate of student academic progress [electronic version]. *The School Administrator,* retrieved March 5, 2003, from http://www.aasa.org/publications/sa/1998_12/contents.htm

Simpson, J. O. (2003, January). Beating the odds. *American School Board Journal, 190*(1), 43–47.

Stevenson, H. W., & Stigler, J. W. (1992). *The teaching gap: Why our schools are failing and what we can learn from Japanese and Chinese education*. New York: Simon & Schuster.

Stiggins, R. J. (2001). *Student-involved classroom assessment* (3rd ed.). Upper Saddle River, NJ: Prentice Hall.

Thomas, K. W. (2002). *Intrinsic motivation at work: Building energy and commitment*. San Francisco: Berrett-Koehler Publishers, Inc.

United States Department of Education. (2002, July 5). Title I, Improving the academic achievement of the disadvantaged, 34 C.F.R part 200.

 索 引

A

B

D

G

H

I

M

R

T

國家圖書館出版品預行編目資料

學習的績效——老師與學校的領導者可以掌控的績效 / Douglas B. Reeves；陳佩正譯.--初版.--臺北市：心理, 2005（民 94）
面；　公分.--（一般教育；84）
參考書目：面
譯自：Accountability for learning: how teachers and school leaders can take charge
ISBN 957-702-746-6（平裝）

1.學校管理

526.7　　93021532

一般教育 84　學習的績效——老師與學校的領導者可以掌控的績效

原 作 者：Douglas B. Reeves
譯　　者：陳佩正
執行編輯：羅惠新
總 編 輯：林敬堯
發 行 人：邱維城
出 版 者：心理出版社股份有限公司
社　　址：台北市和平東路一段 180 號 7 樓
總　　機：(02) 23671490　傳　　真：(02) 23671457
郵　　撥：19293172　心理出版社股份有限公司
電子信箱：psychoco@ms15.hinet.net
網　　址：www.psy.com.tw
駐美代表：Lisa Wu　Tel：973 546-5845　Fax：973 546-7651
登 記 證：局版北市業字第 1372 號
電腦排版：臻圓打字印刷有限公司
印 刷 者：玫進印刷有限公司
初版一刷：2005 年 1 月
初版二刷：2006 年 3 月

本書獲有原出版者全球中文版出版發行獨家授權，請勿翻印
Copyright © 2005 by Psychological Publishing Co., Ltd.
定價：新台幣 350 元 ■ 有著作權・侵害必究 ■
ISBN 957-702-746-6

讀者意見回函卡

No. ______　　　　　　　　　　　　　填寫日期：　年　月　日

感謝您購買本公司出版品。為提升我們的服務品質，請惠填以下資料寄回本社【或傳真(02)2367-1457】提供我們出書、修訂及辦活動之參考。您將不定期收到本公司最新出版及活動訊息。謝謝您！

姓名：______________　性別：1□男　2□女

職業：1□教師 2□學生 3□上班族 4□家庭主婦 5□自由業 6□其他____

學歷：1□博士 2□碩士 3□大學 4□專科 5□高中 6□國中 7□國中以下

服務單位：____________ 部門：________ 職稱：________

服務地址：________________ 電話：______ 傳真：______

住家地址：________________ 電話：______ 傳真：______

電子郵件地址：______________________

書名：______________________________

一、您認為本書的優點：（可複選）

❶□內容 ❷□文筆 ❸□校對 ❹□編排 ❺□封面 ❻□其他____

二、您認為本書需再加強的地方：（可複選）

❶□內容 ❷□文筆 ❸□校對 ❹□編排 ❺□封面 ❻□其他____

三、您購買本書的消息來源：（請單選）

❶□本公司 ❷□逛書局⇨______書局 ❸□老師或親友介紹

❹□書展⇨____書展 ❺□心理心雜誌 ❻□書評 ❼其他________

四、您希望我們舉辦何種活動：（可複選）

❶□作者演講 ❷□研習會 ❸□研討會 ❹□書展 ❺□其他____

五、您購買本書的原因：（可複選）

❶□對主題感興趣 ❷□上課教材⇨課程名稱______________

❸□舉辦活動 ❹□其他____________

（請翻頁繼續）

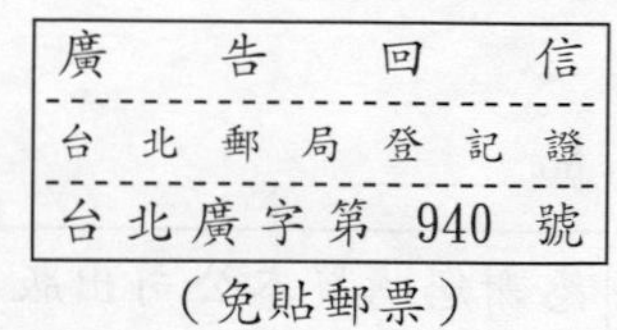

（免貼郵票）

心理出版社股份有限公司
台北市106和平東路一段180號7樓

TEL: (02) 2367-1490
FAX: (02) 2367-1457
EMAIL:psychoco@ms15.hinet.net

沿線對折訂好後寄回

六、您希望我們多出版何種類型的書籍

❶□心理 ❷□輔導 ❸□教育 ❹□社工 ❺□測驗 ❻□其他

七、如果您是老師，是否有撰寫教科書的計劃：□有□無

書名／課程：________________

八、您教授／修習的課程：

上學期：________________

下學期：________________

進修班：________________

暑　假：________________

寒　假：________________

學分班：________________

九、您的其他意見

謝謝您的指教！ 41084